A ESSÊNCIA DA

Auto-ajuda

Os Objetivos, a Filosofia e a Missão da Editora Martin Claret

O principal Objetivo da MARTIN CLARET é continuar a desenvolver uma grande e poderosa empresa editorial brasileira, para melhor servir a seus leitores.

A Filosofia de trabalho da MARTIN CLARET consiste em criar, inovar, produzir e distribuir, sinergicamente, livros da melhor qualidade editorial e gráfica, para o maior número de leitores e por um preço economicamente acessível.

A Missão da MARTIN CLARET é conscientizar e motivar as pessoas a desenvolver e utilizar o seu pleno potencial espiritual, mental, emocional e social.

A MARTIN CLARET está empenhada em contribuir para a difusão da educação e da cultura, por meio da democratização do livro, usando todos os canais ortodoxos e heterodoxos de comercialização.

A MARTIN CLARET, em sua missão empresarial, acredita na verdadeira função do livro: o livro muda as pessoas.

A MARTIN CLARET, em sua vocação educacional, deseja, por meio do livro, claretizar, otimizar e iluminar a vida das pessoas.

Revolucione-se: leia mais para ser mais!

MARTIN CLARET

Seja Profeta de Si Mesmo

Martin Claret

"A função derradeira das profecias não é a de predizer o futuro, mas a de construí-lo."

Somos criaturas programáveis

*Caro leitor: não é por acaso que você está lendo este livro-*clipping*. Nada acontece por acaso. Tudo acontece por uma causa.*

Possivelmente a causa de você o estar lendo, seja a sua vontade de obter mais informações, ou expandir a sua consciência. A causa, também, pode ser a força da minha mentalização.

Cientistas, antropólogos, psicólogos e educadores têm afirmado que o ser humano é uma criatura culturalmente programada e programável.

Eis aí uma grande verdade.

Seu *Hardware* e seu *Software*

Nosso cérebro e nosso sistema nervoso — o nosso hardware *(a máquina) — é mais ou menos igual em todas as pessoas. A grande diferença que faz a diferença é o que está gravado ou programado no cérebro, isto é, o nosso* software *(o programa).*

Explicando de uma maneira extremamente simplificada, você tem três tipos de programação: 1ª- a programação genética (o instinto); 2ª- a programação sóciocultural (família, amigos, escola, trabalho, líderes espirituais e políticos, livros, cinema, TVs, etc.); 3ª- a autoprogramação ou a programação feita por você em você mesmo.

Na primeira programação você não tem nenhum controle; na segunda, tem controle parcial; e na terceira programação você tem controle total.

É fundamental que você saiba, conscientemente, controlar o terceiro tipo de programação, ou seja, a autoprogramação.

Um método de autoprogramação humana

*Todos os livros-*clippings *da coleção* Pensamentos de Sabedoria *foram construídos para conduzir você a se autoprogramar para um estado de ser positivo, realístico e eficiente.*

Depois de longa pesquisa e vivência — análise e intuição — concluí que há, e sempre houve, um método simples e seguro de autoprogramação.

As informações adquiridas através da leitura de "historinhas", parábolas, fábulas, metáforas, aforismos, máximas, pensamentos, etc., podem, eventualmente, atingir seu subconsciente sem passar pelo crivo do consciente analítico e bloqueador. Esta prática permite, sem grande esforço, implantar em seu sistema automático perseguidor de objetivos, uma programação incrivelmente podero-

sa e geradora de ação.

Sabemos — o grande objetivo da educação não é apenas o saber, *mas a* ação.

Um dos maiores Mestres de nosso tempo e um gênio na Arte de Viver, formalizou, com incrível simplicidade, este princípio, quando ensinou: "Pedi e vos será dado; buscai e achareis; batei e vos será aberto. Pois todo o que pede, recebe; o que busca, acha; e ao que bate, se abrirá."

Hoje, em plena era da informática com a conseqüente revolução da comunicação, estamos compreendendo esses eficientes recursos que temos inerentemente dentro de nós.

Um livro "vivo" e motivador

A coleção Pensamentos de Sabedoria *foi idealizada e construída para nos programar (autoprogramar) para a plenitude da vida. São 72 volumes de 112/128 páginas, no formato de bolso 11,5 x 18 cm com textos essencializados, de alta qualidade gráfica, periodicidade mensal, baixo custo e distribuição a nível nacional.*

Este livro começa onde o leitor o abrir. Ele não tem início nem fim. Pode continuar na nossa imaginação.

A essência da sabedoria dos grandes mestres espirituais, líderes políticos, educadores, filósofos, cientistas e empreendedores está aqui reunida de uma maneira compacta e didaticamente apresentada.

Buscamos a popularização do livro.

A foto e o pequeno perfil biográfico do autor de cada pensamento têm a função de facilitar a visualização do leitor. As "historinhas", ou "cápsulas" de informação, estão apresentadas com extrema concisão. As principais emoções e os mais importantes assuntos do conhecimento humano estão presentes nos 72 volumes. Cada título da coleção Pensamentos de Sabedoria *é um livro "vivo", motivador e transformador. Oferecemos o livroterapia.*

Uma paixão invencível

Minha permanente paixão cultural (já o disse em outros trabalhos) é ajudar as pessoas a se auto-ajudarem. Acredito ser esta minha principal vocação e missão. Quero "claretizar" as pessoas, ou seja, orientá-las no sentido de que vivam plenamente e tenham uma visão univérsica do mundo. Que sejam e que vivam harmonizadamente polarizadas.

Você tem o poder de genializar-se.

Este é o meu convite e o meu desafio lançado a você, leitor. Participe do "Projeto Sabedoria" e seja uma pessoa cosmo-pensante e auto-realizada.

"Pensar que É faz realmente SER".

Leitor amigo: vamos, juntos, construir uma poderosa força sinérgica para o nosso desenvolvimento pessoal e para o desenvolvimento de todas as pessoas de boa vontade.

Comece rompendo seus limites, modelando os grandes gênios. Visualize-se como já sendo "um vencedor do mundo".

Seja profeta de si mesmo.

JESUS DE NAZARÉ (O Christo) - Fundador da religião cristã e marco cultural da civilização moderna. Nasceu na aldeia de Nazaré no ano 5 ou 7 antes de nossa era. Não deixou nada escrito. Sua vida é contada pelos evangelistas e constitui a essência do Novo Testamento. Ensinava por parábolas e aforismos. Acusado de traição, contra o império romano e os religiosos da época, foi condenado e morreu crucificado em 34 a 37 d.C. É considerado pelo cristianismo como a maior personalidade da história da Humanidade.

"O que de fora entra no homem não o pode tornar impuro; mas somente o que sai do interior do homem, isto é que o torna impuro."

Que é a cura pelo espírito?

Joel S. Goldsmith

O mundo não tem necessidade duma nova religião, nem duma nova filosofia.

O que o mundo necessita é de cura e renovação. O mundo necessita de homens que, pela sua entrega a Deus, sejam tão repletos do *Espírito* que possam tornar-se instrumentos pelos quais outros sejam curados; porquanto, a cura é importante para todo homem.

Ainda até o século passado, curar era considerado privilégio da classe médica; mas, no correr dos últimos anos, diversas igrejas também começaram a interessar-se por este assunto, de maneira que a libertação de sofrimentos psíquicos e físicos, bem como a harmonização de condições pessoais, são hoje consideradas tarefa tanto da igreja como dos médicos. As igrejas abrem as suas portas para discutir a possibilidade de cura por meio de orações e outros meios. Criam-se organizações com o fim de estudar os diversos métodos curativos, abrangendo vastos setores, desde a terapia espiritual até as curas psicológicas e mentalistas. Cada vez mais a cura pelo espírito está sendo discutida e praticada.

Quase que somos levados a crer que a medicina,

dentro do próximo meio século, consiga debelar todas as doenças físicas até hoje conhecidas, de maneira que pouco serviço sobraria para os curadores espirituais, no plano dos males corporais.

Entretanto, a medicina não solverá os problemas da vida humana e do mundo — e isto pela razão precípua por que o problema da humanidade não é, propriamente, um problema de doença. A doença é apenas um dos numerosos aspectos criados pelas desarmonias e dissonâncias da vida. O progresso da medicina não suplantará jamais a necessidade da cura pelo espírito; não creio que, mesmo que a cura física seja cem porcento eficiente, os seus processos curativos consigam revelar ao homem a sua própria *alma.* Isto será tarefa do curador espiritual. Porquanto, faremos a experiência de que o homem continuará a sofrer todas as dissonâncias de caráter físico, mental, moral e financeiro. O homem não possuirá ainda paz em si mesmo.

Ninguém pode encontrar saúde externa enquanto não encontrar uma querência, um lar interno em Deus.

Ninguém alcança plena satisfação, mesmo em boa situação econômica, enquanto não encontrar a sua comunhão interna com Deus.

A televisão não pode satisfazer a alma do homem.

Foot-ball e *base-ball* não são caminhos para encontrar a paz da alma e do espírito, nem são métodos convincentes para restabelecer a paz e a boa vontade entre os homens, aqui na terra. Não há nada de mal nestas coisas; elas têm o seu lugar e razão de ser — mas nunca ninguém encontrou harmonia duradoura em jogos, danças ou televisão.

O homem só encontra verdadeira harmonia em seu ser quando encontra Deus, quando entra numa comunhão interna com algo maior do que ele mesmo. E isto é a sua cura verdadeira e permanente. É esta a cura que o mundo busca. E é por esta razão que sempre resta um desassossego e uma insatisfação, mesmo que, neste momento, fossem resolvidas satisfatoriamente todas as tuas condições econômicas e relações sociais e fosses liberto de qualquer enfermidade física e psíquica. Por maior que seja a alegria que a tua família te dê — quando, à noite, te retiras, te sentirás solitário, porque há em ti algo que tem saudades de casa, algo que deseja integração num outro lar.

Por motivos vários procura o homem cura espiritual. Muitos a procuram por causa de doenças corporais, outros para solucionar problemas de ordem emocional, moral ou econômica; outros ainda por causa duma inquietação interna que os atormenta, apesar de todos os sucessos externos que talvez tenham encontrado em sua vida. Cedo ou tarde, descobrirão eles, que nunca deixará de haver inquietação, tristeza e descontentamento enquanto não estabelecerem contato consciente com a *Fonte* da vida, nem mesmo em plena saúde e prosperidade.

Cura espiritual é muito mais que uma experiência meramente física ou psíquica; cura real é o descobrimento de uma comunhão interna com algo maior, algo muitíssimo maior do que jamais possa ser encontrado no mundo; é a experiência do nosso encontro com Deus, de uma paz espiritual, de uma tranqüilidade interior, de uma luminosidade de dentro — e tudo isto nos vem com a conscientização de Deus; com a consciência da presença e da força de Deus em nós. Quando repousamos nessa maravilhosa paz, o corpo toma as suas funções normais, e essas funções se realizam, daí por diante, por uma força que não parece ser dele. E é então que o nosso corpo revela saúde perfeita e plena, força, juventude e vitalidade — dons de Deus todos eles.

Cura espiritual é o contato do espírito de Deus com o do homem; a alma, quando tocada pelo espírito divino, desperta para uma nova dimensão da vida, uma dimensão espiritual — e "onde reine o espírito de Deus, aí há liberdade". Isto não quer dizer que o espírito de Deus atue como medicina, como uma aplicação elétrica ou como uma operação, mas porque o espírito de Deus eleva o homem a uma nova consciência da vida, a um estado de consciência que o divino Mestre denomina "o meu reino, que não é deste mundo". Quando o homem atinge esse estado de consciência vive ele numa nova dimensão da vida, além do estado tridimensional conhecido, e faz experiências totalmente desconhecidas no plano comum da vida humana. É esta a meta que a humanidade demanda, embora não saiba nitidamente qual seja essa meta e quais os métodos que a ela conduzem.

(In: *A Arte de Curar pelo Espírito*, Joel S. Goldsmith, tradução Huberto Rohden, Editora Martin Claret, São Paulo, 1995.)

MAHATMA GHANDI - Líder político e espiritual da Índia, cuja sabedoria e postura humanista tornaram-no conhecido no mundo inteiro. Através da filosofia da não-violência libertou a Índia do colonialismo britânico. Nasceu em Porbandar (Estado de Kathiavar), no norte da Índia. Estudou Direito em Londres. Escreveu mais de duas centenas de livros sobre religião, saúde e política. Sua obra mais conhecida é a autobiografia *Minha Vida e Minhas experiências com a Verdade*. Por razões políticas foi assassinado em 1948, em Nova Delhi. (1869 - 1948).

"

As enfermidades são o resultado não só dos nossos atos, mas também, dos nossos pensamentos.

"

Autoterapia

Professor Herrnógenes

De início é preciso entender que não estou propondo um *tratamento para vencer doenças.* Isto já existe. O "método" é um *treinamento para obter saúde.* Tratamento implica passividade do paciente. Treinamento exige auto-engajamento, auto-responsabilidade. Isto faz uma diferença enorme e gera conseqüências muito importantes.

Por ser um *treinamento* e não um *tratamento,* o "método" elimina a figura do *paciente.* Etimologicamente e efetivamente, paciente é aquele que (passivamente) recebe a ação do médico ou terapeuta. O praticante de Yoga não pode ser visto como um *paciente* a dizer "tratem de mim". Tem de ser visto como um *agente,* um *atuante,* a agir, a atuar em si mesmo e sobre si mesmo. É ele autor e também credor da ação terapêutica. A responsabilidade é dele. Um jovem a planar sobre matas e rios, manobrando sua asa-delta, exemplifica o que quero dizer sobre autoterapia. Ninguém pode manobrar por ele. Voar ou cair dependem do que ele fizer certo ou errado. Em livros, em aulas, em seminários faço questão de motivar cada um a assumir a responsabilidade por sua própria saúde, mas também ensino os meios, as técnicas, os princípios e as normas a serem para isto utilizados. Um bom professor de Yoga é o profissional que mais justifica ser chamado *doutor.* Esta palavra vem do latim *docere,* que significa ensinar. Doutor é exatamente aquele que ensina alguém a, por seus próprios meios e providências, conquistar e manter sua saúde. Aos que me agradecem auspiciosas mudanças em suas vidas, só tenho a dizer que não sou eu quem merece receber tais agradecimentos, mas, em primeiro lugar, Deus, e, em segundo, cada um em si. Jamais virei a ser alvo de críticas por parte de médicos por jactar-me de ter curado esta ou aquela doença de tal ou qual paciente. Tenho dito e sempre direi: *eu não curo; cada pessoa cura a si mesma.*

Uma proveitosa conseqüência imediata deste aspecto do "método" acontece quando o praticante — constatando que está melhorando, superando seus antigos limites, removendo bloqueios aliviando sintomas — se ilumina com uma autoconfiança que antes lhe faltava. E aí um abençoado *círculo virtuoso* substitui o anterior *círculo vicioso,* que o encarcerava e torturava. É tão emocionante e abençoado como o alvorecer de um lindo dia de libertação.

(In: *Saúde Plena: Yogaterapia,* Hermógenes, Record/Nova Era, Rio de Janeiro, 1993.)

HENRY FORD - Industrial norte-americano, nascido em Greenfild Village, Michigan. Colocou o automóvel ao alcance da classe média e revolucionou o modo de vida norte-americano. Foi a grande figura propulsora do desenvolvimento vertiginoso da indústria automobilística. Seus métodos de produção em massa (denominado "fordismo"), foi imitado por outras indústrias e por outros países. É considerado o maior gênio industrial do século. (1863 - 1974).

"Quer você acredite que pode ou não pode fazer uma coisa, você está certo."

O que é bem-estar total?

Dr. Kenneth H. Cooper

Um dos grandes princípios do universo é o do equilíbrio. Se a terra estivesse alguns quilômetros mais próxima do sol, seria um inferno. Se estivesse alguns quilômetros mais afastada, seria um deserto frio e desolado. Mas em sua posição atual, situada a uma distancia ideal do sol, nosso planeta encontra-se numa situação perfeita para sustentar uma notável proliferação de formas de vida.

Os átomos, que são os elementos básicos de construção de toda a matéria existente na terra, constituem outro exemplo desse equilíbrio perfeito. O núcleo do átomo é constituído de nêutrons e prótons, numa organização incrivelmente harmoniosa. Não obstante, é através da divisão de um desses átomos que se efetuam as cataclísmicas erupções de energia nuclear. Para funcionar adequadamente, cada parte de nosso mundo, por mais minúscula que seja, deve permanecer num estado de completo equilíbrio.

O mesmo acontece com o corpo humano.

O corpo humano é simplesmente mais uma parte do universo que deve estar em perfeito equilíbrio. Somos constituídos de tal maneira que necessitamos de uma quantidade exata de exercício, nem mais, nem menos. Necessitamos da quantidade exata de determinados tipos de alimentos. E necessitamos da quantidade adequada de sono e de alívio das tensões e esforços da vida cotidiana.

Se um indivíduo vai longe demais em qualquer sentido — excesso ou carência de exercício, alimentação ou repouso — todo o seu sistema físico e psicológico se desequilibra. E onde existe falta de equilíbrio existe também uma falta de bem-estar pessoal.

Da mesma maneira, pelo lado positivo, onde existe equilíbrio existe uma sensação de bem-estar. E onde existe equilíbrio perfeito existe o que chamo de *bem-estar total.*

Venho estudando muito detalhadamente este princípio em minhas recentes pesquisas no Centro Aeróbico em Dallas, Texas. E foi minha crescente convicção da preponderante importância do princípio do bem-estar total, através de viver equilibradamente, que me induziu a escrever este livro.

Enquanto meus outros livros sobre exercícios aeróbicos têm vendido milhões de exemplares e muitos outros países vêm implementando os conceitos neles contidos, nossos médicos e pesquisadores no Centro Aeróbico têm continuado na exploração das fronteiras da medicina preventiva. Estudamos e trabalhamos com milhares de pacientes, e agora estamos prontos para divulgar nossas constatações a você, atrávés deste livro.

E faço questão de dizer isto logo de início: julgo que nossas mais recentes conclusões a respeito do que é necessário para um perfeito estado de equilíbrio físico, ou estado de bem-estar total, são mais importantes para a sua felicidade presente e futura que tudo o que já escrevi antes. Em suma: estou convencido de que se você partir numa busca pessoal do bem-estar total — busca que será detalhada neste livro — começará a gozar de um extenso rol de benefícios pessoais que talvez se julgasse incapaz de conseguir.

Só para lhe dar um "gostinho" do que pode ocorrer em sua vida, cito abaixo alguns dos benefícios do bem-estar total que, conforme mostram os dados de nossa pesquisa, qualquer pessoa poderá conseguir, se quiser:

- Mais energia pessoal;
- Tempo de lazer mais aproveitável e mais ativo;
- Maior capacidade de combater o *stress* doméstico e profissional;
- Menos depressão, menos hipocondria e menos ansiedade "flutuante";
- Menos queixas físicas;
- Digestão mais eficiente e menos problemas de prisão de ventre;
- Melhor imagem de si mesmo e mais confiança em si;
- Corpo mais esbelto e atraente, inclusive controle de peso mais eficaz;
- Ossos mais fortes;
- Retardamento do processo de envelhecimento;
- Gravidez e parto mais fáceis;
- Sono mais repousante e tranqüilo;
- Melhor concentração no trabalho e maior perseverança em todas as tarefas diárias;
- Menos dores, inclusive nas costas.

A lista poderia continuar indefinidamente, mas creio que você já percebeu o que quero dizer. Em resumo: atingir o bem-estar total pode transformar completamente sua vida e fazer de você uma pessoa mais feliz e mais produtiva.

Agora, porém, em termos mais específicos, qual é a fórmula para conseguir esse estado de bem-estar total?

Nossa extensa pesquisa no Centro Aeróbico convenceu-me de que existem três necessidades humanas básicas que devem ser satisfeitas, e esperamos conseguir o equilíbrio global, requisito indispensável ao bem-estar total. Como implica o termo "equilíbrio", tais necessidades devem ser satisfeitas de uma maneira que mantenha o corpo e o espírito em harmonioso equilíbrio.

(In: *Programa Aeróbico para o Bem-Estar Total,* Dr. Kenneth H. Cooper, Editorial Nórdica, 1982.)

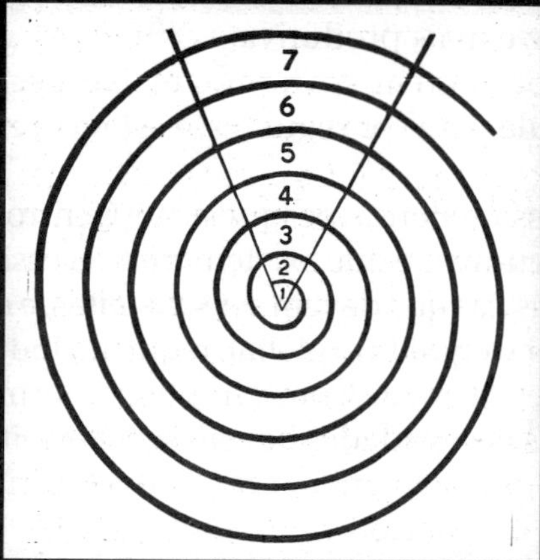

Macrobiótica Zen

Cada um de nós deve ser seu próprio médico

A medicina macrobiótica, extremamente simples e econômica, prepara a gente para uma longa vida. Pode ser aplicada em qualquer ocasião, em qualquer lugar e em qualquer idade. É mais educativa do que curativa e repousa inteiramente na nossa inteligência e na nossa vontade. Estudareis o caminho que leva ao Satóri, à realização de si próprio, à liberdade. Mas, não o esqueçais, é um caminho que vós mesmos devereis percorrer. A arte do rejuvenescimento e da longevidade é pragmática, isto é, baseia-se na experiência e em particular naquela que será vossa, ou sobre aquela que vos aconselho adquirir.

(Dr. Georges Ohsawa, educador, cientista e filósofo japonês. Autor de vários livros sobre saúde e evolução espiritual. A sua grande bandeira foi a dieta macrobiótica fundamentada na filosofia oriental do *yin* e *yang*.)

Eu me amo do jeito que sou!

Dr. Lair Ribeiro

Pensando hierarquicamente

A vida inteira ele sonhou em achar ouro. Tudo o que fazia era pensando nisso. A idéia não lhe saía da cabeça, desde que acordava, e quando comia, e enquanto dormia. Não parava de pensar em achar ouro.

Como não tinha recursos para pesquisar ouro, decidiu vender tudo o que tinha, sua casa, seus pertences, e foi para o noroeste do país procurar ouro. Lá, durante anos ele cavou, cavou, cavou, cavou, e nada encontrou.

Sem condições de continuar procurando, voltou para sua cidade, onde pelo menos tinha parentes que poderiam acolhê-lo.

Ao voltar, soube que o comprador de sua casa, quando foi fazer obras para reformá-la, abrindo um buraco no quintal encontrou uma grande quantidade de ouro, tornando-se multimilionário.

* * *

Agora você tem a oportunidade de descobrir a pepita de ouro que existe (sempre existiu) dentro de você. Com base em tudo o que você passou desde a infância, em tudo o que aprendeu, em suas muitas qualidades, nos exercícios e nas declarações positivas que você fez ao longo da leitura deste livro, você vai escrever uma carta de amor para você mesmo, dizendo tudo o que você ama em si.

Sim, é isso mesmo. Você está apaixonado por essa pessoa que é você.

Comece a carta assim: "Amado (ou amada)..." — escreva seu nome — e não se reprima em nada do que quiser dizer na declaração de amor a você mesmo. E como as pessoas apaixonadas são mesmo capazes de sinceros exageros, por favor exagere. Tudo o que você disser de positivo, mesmo inventado, será utilizado a seu favor, por sua mente, na elevação de sua auto-estima. Portanto, capriche, pois você é uma pessoa merecedora de todo o seu amor.

Utilize as próximas páginas para escrever sua carta. Depois de escrever, destaque a folha e guarde-a em um envelope fechado. Sempre que tiver vontade, abra e releia. Mas não mostre a ninguém. Como acontece com as melhores cartas de amor, esta é para ser lida apenas por quem envia e por quem recebe: você.

(In: *Auto-Estima - Aprendendo a Gostar mais de Você*, Dr. Lair Ribeiro, Editora Objetiva, Rio de Janeiro, 1944.)

JUNG (Gustav Carl) - Médico psiquiatra, conferencista e pesquisador dos fenômenos psicológicos. Nasceu em Kesswill (Suíça). Juntamente com Freud é precursor daPsicanálise. Entre outras condecorações foi agraciado com o título de "Doutor honoris causa" em Harvard. Deixou vasta obra publicada. (1875 - 1961).

"

O principal objetivo da terapia não é transportar o paciente para o impossível estado de felicidade, mas sim ajudá-lo a adiquirir paciência diante do sofirmento.

"

Você pode adquirir o hábito de ser feliz

Dr. Maxwell Maltz

Neste Capítulo quero debater com o leitor o tema da felicidade, não do ponto de vista filosófico, mas médico. O Dr. John A. Schindler definiu a felicidade como sendo "um estado de espírito em que os nossos pensamentos são agradáveis uma boa parte do tempo". Sob o aspecto médico, e também ético, não me parece que se possa melhorar esta simples definição. E é sobre isso que falaremos neste capítulo.

A felicidade é bom remédio

A felicidade é congênita do espírito do homem e da sua máquina física. Pensamos melhor, agimos melhor, sentimo-nos melhor e gozamos de mais saúde quando estamos felizes. Até os nossos sentidos trabalham melhor. O psicologista russo K. Kekcheyev submeteu algumas pessoas a testes quando estavam pensando em coisas agradáveis e desagradáveis. Verificou que quando elas entretinham pensamentos agradáveis, seus sentidos da vista, paladar, olfato e audição eram melhores, e elas eram capazes de perceber diferenças mais sutis em tato também. O

Dr. William Bates demonstrou que a vista melhora imediatamente quando o indivíduo pensa em coisas agradáveis ou visualiza cenas aprazíveis. Margaret Corbett descobriu que a memória se aguça sobremaneira e a tensão mental se desfaz quando acalentamos pensamentos agradáveis. A medicina psicossomática provou que estômago, fígado, coração e todos os nossos órgãos internos funcionam melhor quando estamos alegres. Há milhares de anos, o sábio Rei Salomão já dizia em seus provérbios: "O coração alegre é bom remédio, mas o espírito abatido seca os ossos." É significativo também que tanto o judaísmo como o cristianismo prescrevem a alegria, o jubilo, a gratidão como meios para andarmos no caminho da retidão e levarmos uma vida digna.

Estudando a correlação entre a felicidade e a criminalidade, os psicologistas da Universidade de Harvard concluíram que o velho provérbio dinamarquês "Quem é feliz não pode ser mau" encerra uma verdade científica. Verificaram que a maioria dos criminosos provinham de lares desditosos e tinham uma história de relações humanas infelizes. Um estudo da frustração, feito na Universidade de Yale, e que se prolongou por dez anos, revelou que grande parte do que chamamos de imoralidade e hostilidade para com outros é suscitada por sentimentos de infelicidade. Afirma o Dr. Schindler que a infelicidade é a causa exclusiva de todas as doenças psicossomáticas, e a felicidade é o único remédio possível. Recente pesquisa demonstrou que, de modo geral, o homem de negócios alegre e prazenteiro, inclinado a ver "o lado bom das coisas" tem mais sucesso que o pessimista.

Parece que na maneira popular de pensar a

respeito da felicidade, se pôs o carro adiante dos bois. "Seja bom e será feliz", costuma-se dizer. "Eu seria feliz", dizemos a nós mesmos, "se tivesse sorte e saúde". Ou "Seja amável e generoso para com os outros e será feliz". Estaríamos mais próximos da verdade se disséssemos "Seja feliz — e você será bom, terá mais êxito, mais saúde, e será mais benevolente para com os outros".

Erros comuns a respeito da Felicidade

A felicidade não é coisa que se adquira ou mereça. A felicidade não é uma questão moral, mais do que o é a circulação do sangue. Ambas são necessárias à saúde e ao bem-estar. A felicidade é simplesmente "um estado de espírito em que nossos pensamentos são agradáveis uma boa parte do tempo". Se você esperar até que "mereça" pensar pensamentos agradáveis, o provável é que tenha pensamentos desagradáveis a respeito de suas próprias falhas. "A felicidade não é recompensa da virtude", disse Spinoza, "mas a própria virtude. Não é por refrearmos nossos vícios que nos deleitamos na felicidade; mas, ao contrário, é por nos deleitarmos na felicidade que somos capazes de refrear nossos vícios." (Spinoza, *Ética.)*

A busca da felicidade não é egoísta

Muitas pessoas sinceras sentem-se inibidas em buscar a felicidade por acharem que isso seria "egoísta" ou "errado". O altruísmo traz felicidade, porque afasta nosso espírito de nós mesmos, de nossas faltas, pecados, preocupações (pensamentos desagradáveis), ou do orgulho que temos do nosso "valor", e também permite exprimirmo-nos criativamente e nos realizarmos, ajudando os outros. Um dos pensamentos mais confortadores para qualquer ser humano é saber que alguém necessita dele, que tem em si a possibilidade de contribuir para a felicidade de um semelhante. Entretanto, se fizermos da felicidade uma questão moral e nela pensarmos como algo a ser obtido, ou, uma espécie de recompensa por sermos altruístas, é bem provável que experimentemos um sentimento de culpa por desejar a felicidade. A felicidade é conseqüência natural do nosso sentimento e ação altruístas, não é uma "paga" ou prêmio. Se fôssemos recompensados por sermos altruístas, o passo lógico seguinte seria supormos que quanto mais abnegados e miseráveis fôssemos, mais felizes seríamos. E essa premissa levaria à absurda conclusão de que o meio de ser feliz é ser infeliz.

Se há aí implícita alguma questão moral, ela favorece a felicidade antes que a infelicidade. "A atitude da infelicidade não é somente aflitiva; é também mesquinha e feia", diz William James. "Que é que pode ser mais indigno do que uma atitude de lamentação, mau humor, tristeza, não importa quais sejam os males externos que a engendraram? Que há de mais ofensivo aos outros? E que há de menos proveitoso para se resolver uma dificuldade? Ela serve apenas para fixar e perpetuar o mal que a ocasionou, aumentando o que há de calamitoso na situação".

(In: *Liberte sua Personalidade,* Dr. Maxwell Maltz, Summus Editorial, São Paulo, 1975.)

SÊNEGA (Lucius Annaeus) - Orador, filósofo e escritor, nascido em Córdoba. Muito cedo foi para Roma, onde se formou. Escreveu várias obras em verso e prosa, tais como tratados filosóficos, tragédias e epístolas morais. Foi preceptor e conselheiro de Nero, escrevendo para este, O Tratado da Clemência, a fim de prepará-lo para ser o futuro soberano de Roma. A data de seu nascimento é discutida por alguns. (01 a.C. - 65 d.C.).

"A beleza da alma reflete-se no corpo. Não devemos contar a idade pelos anos, e sim pelo nosso procedimento."

O efeito curador

Marilyn Ferguson

"Estou convencido de que existe algo que é o poder curador." Esta afirmação é de Jerome Frank em uma conferência realizada em Nova York sobre abordagens médicas alternativas. No entanto, ele levantou dúvidas quanto ao fato de que esse efeito possa vir a ser avaliado claramente no futuro próximo para plena aceitação dos cientistas ocidentais.

Na verdade, já existe algo como uma rede científica através da qual podemos entender uma ressonância curadora entre pessoas. O teorema de Bell, as teorias holográficas de Bohn-Pribram e outras propostas radicais oferecem um modelo de entendimento para a ligação entre as pessoas. A imagem do corpo como um campo receptivo à energia, predominante na filosofia oriental, coincide com a evidência de que os meridianos da acupuntura são uma realidade e que os *chakras* das tradições budistas podem verdadeiramente basear-se em fatos. Dolores Krieger, professora de enfermagem na Universidade de Nova York, demonstrou de forma elegante as modificações nos índices de hemoglobinas de pacientes tratados com uma espécie de "perscrutação", no qual profissionais realmente não tocam no corpo, mas tentam perceber as mudanças de campo — calor, frio, sensação de formigamento — quando suas mãos passam sobre determinadas regiões do corpo.

Há outro indício da existência de um efeito curador: padrões não usuais de ondas do cérebro em pessoas que tentam curar, modificação nas enzimas, mudanças do EEG no "curando", inexplicáveis remissões de tumores e outras curas rápidas. O interesse médico é grande. O método de Krieger, por exemplo, tem sido ensinado em laboratórios de toque terapêutico que duram dias inteiros a milhares de pessoas por todo o país, enfermeiras em sua maior parte, e o próprio Krieger tem sido convidado por vários hospitais de Nova York para ensinar o método a todo o pessoal de enfermagem. São inúmeros os médicos que estão atualmente empregando métodos similares.

Curadores não-ortodoxos, como Rolling Thunder, Olga Worral, Paul Solomon e Jack Schwarz, ensinaram em escolas de medicina e fizeram demonstrações para médicos e estudantes de medicina. Embora o tratamento psíquico possa vir a demonstrar-se um complemento útil à medicina do futuro, é improvável que venha a se tornar o método principal de tratamento, por uma simples razão: um "curador" age de forma muito semelhante à de um médico, fazendo alguma coisa *para* o paciente. Xamãs — os curandeiros da América do Sul, por exemplo — dizem àqueles que tratam que podem influenciar os sintomas, mas que não podem modificar o processo interior que produz a doença. O sintoma pode desaparecer por algum tempo, mas freqüentemente a matriz mais profunda da doença não é modificada. Só o indivíduo pode efetuar a cura, a partir de seu interior.

Um estado favorável da mente com relação à cura traz benefícios específicos para o curador e para o relacionamento entre o terapeuta e o paciente. Um cientista britânico observou uma configuração particular de ritmos cerebrais na maior parte dos curadores espirituais que ele testou. (Na Inglaterra, existem milhares de curadores licenciados, aos quais é permitido trabalhar nos hospitais.) Um médico ansioso reclamou que o aparelho de ondas cerebrais não mostrava aquele padrão. Finalmente, o penalizado pesquisador comentou: "Imagine que você está prestes a tratar de um paciente. Você não dispõe de remédios nem de equipamento. *Você não tem nada a oferecer senão sua compaixão.*" Subitamente a atividade das ondas cerebrais do médico se modificou, passando para o padrão de "estado de predisposição".

Robert Swearingen, ortopedista do Colorado, relata ter estado com um paciente em uma sala de emergência, com dores intensas devido a um ombro deslocado. O restante do pessoal da clínica estava atendendo a casos mais críticos, de modo que não lhe era possível chamar uma enfermeira para que administrasse tranqüilizantes e anestésicos.

Naquele momento me senti dominado por uma sensação de impotência, de dependência tecnológica. Em parte para acalmar o paciente, em parte para reanimar a mim mesmo, me pus a insistir com ele para que relaxasse. De repente senti que o ombro caía — e pressenti que com a cooperação do paciente era possível para mim, colocar o ombro no lugar sem dor ou medicamento contra a dor.

A experiência mudou toda a carreira do ortopedista, não apenas porque desde então lhe era possível ensinar o procedimento indolor a quase todo mundo, mas também por ter descoberto a crucial importância do elemento humano na medicina. Ele verificou também que podia estabelecer um relacionamento não-verbal com os pacientes, uma espécie de "escuta" que conduzia ao diagnóstico intuitivo, além de qualquer coisa que lhe tivesse sido ensinado.

Um famoso psicólogo observou uma vez, de modo particular, que o *biofeedback* é o máximo em termos de efeito de placebo, um passo intermediário para os clínicos e pacientes tranqüilizados pela ciência "dura" que não tenham ainda percebido que toda a ação se dá em um cérebro suave e desaparece em um turbilhão de partículas quando inspecionada de perto. "Tudo está na imaginação", disse ele. Podemos ter aquilo que imaginamos e como imaginamos.

No século XVI, Paracelso observou que os médicos de sua época "conheciam apenas uma pequena parte do poder da vontade". Ainda assim, em outro nível, nós sempre soubemos que se pode morrer de desgosto, que a tensão prolongada na mulher pode afetar o seu bebê antes do nascimento, que as pessoas idosas não atingem a senilidade se se mantêm com algum interesse na vida.

Os historiadores com certeza se maravilharão com as heresias nas quais mergulhamos, com as décadas recentes em que deixamos de olhar o espírito em nossos esforços de curar o corpo. Agora, ao encontrarmos a saúde, nos encontramos a nós mesmos.

(In: *A Conspiração Aquariana,* Marilyn Ferguson, Editora Record, Rio de Janeiro, 1983.)

Curando-nos a nós mesmos

Bem-estar não pode ser inoculado endovenosamente nem dado às colheradas como remédio. O bem-estar emana de uma matriz: o corpo-cérebro. Reflete harmonia psicológica e somática. Como disse um anatomista: "o curador que existe dentro de nós é a mais sábia, a mais complexa unidade integrada do Universo." Em certo sentido, sabemos agora, há sempre um médico em casa.

(Marilyn Ferguson, editora de *Brain Nind Bulletin*. Autora do Best Seller *A Conspiração Aquariana*.)

Ser jovem

General Mac Arthur

A juventude não é um período da vida: ela é um estado de espírito, um efeito da vontade, uma qualidade da imaginação, uma intensidade emotiva, uma vitória da coragem sobre a timidez, do gosto da aventura sobre o amor ao comodismo.

Não é por termos vivido um certo número de anos que envelhecemos... envelhecemos porque abandonamos o nosso ideal.

Os anos enrugam o rosto: renunciar ao ideal, enruga a alma. As preocupações, as dúvidas, os temores, os desesperos são inimigos que lentamente nos inclinam para a terra e nos tornam pó antes da morte.

Jovem é aquele que se admira, que se maravilha e pergunta, como a criança insaciável: "E depois?" Que desafia os acontecimentos e encontra alegria no jogo da vida.

És tão jovem quanto a tua fé. Tão velho quanto a tua descrença. Tão jovem quanto a tua confiança em ti e a tua esperança. Tão velho quanto o teu desânimo;

Serás jovem enquanto te conservares receptivo ao que é belo, bom e grandioso. Receptivo às mensagens da Natureza do Homem, do Infinito.

E se um dia teu coração for atacado pelo pessimismo e corroído pelo cinismo, que Deus, então, se compadeça de tua alma de velho.

(In: *Otimismo em Gotas*, R. O. Dantas, Editora Vozes, Petrópolis, 1991.)

BLAISE PASCAL - Filósofo, matemático e físico francês. Com suas teorias filosóficas de impacto entrou em conflito com a poderosa Ordem dos Jesuítas no século XVII. Escreveu várias obras e entre elas a mais popular é *Os Pensamentos*. Construiu a máquina aritmética e deixou vários trabalhos sobre geometria e aritmética. (1625-1662).

“O homem é feito visivelmente para pensar, e toda a sua dignidade, e todo o seu mérito, e todo o seu dever é pensar. O pensamento é a grandeza do homem.”

A auto-estima

Dr. Walter Doyle Staples

A*uto-estima* é o componente emocional do autoconceito e representa o núcleo real da personalidade humana. Existe em geral um consenso, entre todas as escolas da psicologia moderna, de que a auto-estima é o elemento mais crítico que afeta todo o desempenho humano. A melhor definição de auto-estima é "quanto você gosta de si mesmo", ou "quão bem você se sente a respeito de ser você". Sua auto-imagem pode ser alta ou baixa e consistente ou inconsistente com a realidade. Mas sua auto-estima é sempre fiel à imagem que você mantém em sua mente, à pessoa que você diz a si mesmo que é. Assim, o quanto você gosta de si mesmo depende totalmente de quem você pensa que é. Pode ser seu catalisador ou o seu freio interno. Pode empurrá-lo para diante ou detê-lo. O quanto você gosta de si mesmo é a declaração mais importante que você pode fazer a respeito de si mesmo como pessoa.

Dorothy Corkille Briggs fez os seguintes comentários em seu livro *Your Child's Self-Esteem:*

O que é auto-estima? *É como uma pessoa sente-se a respeito de si mesma.* É o seu julgamento global de si mesma — como ela gosta da sua pessoa. O julgamento que a pessoa faz de si mesma influencia os tipos de amigos que ela escolhe, como ela se relaciona com os outros, o tipo de pessoa com quem ela se casa e quão produtiva ela será. Ele afeta a sua criatividade, integridade e estabilidade e até mesmo o fato dela vir a ser líder ou seguidora. Seus sentimentos de autovalor formam o núcleo da sua personalidade e determinam o uso que ela faz das suas aptidões e capacidades. Sua atitude a respeito de si mesma tem uma relação direta com a maneira pela qual vive todas as partes da sua vida. Na verdade, a auto-estima é a mola mestra que nos leva ao sucesso ou ao fracasso como seres humanos (ênfase acrescentada).*

As pessoas que gostam genuinamente de si mesmas e se aceitam como seres humanos valiosos, descobrem que podem ampliar seus horizontes, aceitar novos desafios como parte do processo normal de crescimento e podem se desempenhar em níveis mais elevados de eficácia em tudo que tentam fazer.

A maioria das pessoas tem medo de gostar de si mesma, ao menos de gostar demais. Todos nós conhecemos a pessoa arrogante e presunçosa que age como fosse melhor que todas as outras. Poucos de nós desejam associar-se com pessoas pomposas e presunçosas. Na verdade, os indivíduos que têm aquilo que chamamos de *complexo de superioridade* são

---

* Citação de Your *Child's Self-Esteem,* de Dorothy Corkille Briggs. Mediante permissão. *Copyright* 1970 por Dorothy Corkille Briggs. Doubleday, uma divisão da Bantam, Doubleday, Dell Publishing Group, Inc, 245 Park Avenue, New York, N.Y. 10017.

agressivos e dominadores, e aqueles que têm aquilo que chamamos de *complexo de inferioridade* e são inseguros e defensivos estão em extremidades opostas da mesma aflição — isto é, baixa auto-estima. Ambos os tipos têm um complexo de "auto-imagem", uma vez que não gostam muito de si mesmos.

As pessoas com auto-imagem positiva, que gostam genuinamente de si mesmas e se aceitam, sempre manifestam sua alta auto-estima em interações positivas e construtivas com outras pessoas. Elas simplesmente não podem esconder seu gosto pela vida. Por outro lado, as pessoas com baixa auto-estima sempre tentam compensar seu senso de inadequação com ações de superioridade ou inferioridade. Todos — do pobre, ao prisioneiro, ao profissional liberal podem beneficiar-se com níveis mais altos de auto-estima.

Outro aspecto da auto-estima e do autogostar diz respeito às relações interpessoais. A maneira pela qual você se relaciona com os outros é diretamente afetada por como se sente a seu próprio respeito. O resultado é que você é incapaz de amar ou gostar de outra pessoa mais do que ama ou gosta de si mesmo. Isso é apenas lógico, uma vez que você não pode esperar dar a alguém uma coisa que não tem.

(In: *Pense como um Vencedor*, Dr. Walter Doyle Staples, Livraria Pioneira Editora, São Paulo, 1984.)

GALILEU GALILEI - Cientista, inventor, filósofo e matemático. Nasceu em Pisa, Itália. Estudioso dos fenômenos astronômicos, revolucionou as teorias até então existentes, provando que o centro do sistema planetário era o sol e não a Terra. Em virtude de suas teorias foi perseguido pela Inquisição. Escreveu várias obras sobre Astronomia e aperfeiçoou o telescópio. (1564 - 1642).

"A maior sabedoria que existe é conhecer-se a si mesmo."

Como se amar

Louise L. Hay

Sei que pareço simplista e repetitiva, mas creio firmemente que viemos a este mundo para obter o amor incondicional, que começa com a auto-aceitação e a auto-estima. Em minha opinião, o modo mais rápido de resolver qualquer problema é nos amarmos como somos.

Ninguém está aqui para agradar outras pessoas ou para viver do modo como alguém deseja. Você veio a este planeta para se realizar e expressar amor em todos os níveis. Está aqui para aprender, evoluir, absorver e irradiar compaixão e compreensão. E lembre-se, acima de tudo, de que quando você deixar este mundo não levará consigo sua conta bancária ou um relacionamento. A única coisa que irá com você é sua capacidade de amar!

(...)

Ame-se agora. Comece a amar-se imediatamente. Não se deixe conter por qualquer tipo de insatisfação que tenha com sua própria pessoa. A insatisfação consigo mesmo às vezes se torna um hábito e não deixa a pessoa desfrutar as coisas boas que acontecem em sua vida. Ame-se a partir deste instante. Não adie esse prazer achando que você primeiro terá de fazer este ou aquele exercício, tomar esta ou aquela medida. Lembre-se de que, aprendendo a se amar o mais rapidamente possível, você logo começará a amar e aceitar os outros, o que tornará sua vida muito mais agradável e produtiva.

Não se pode mudar os outros, portanto deixe-os em paz. Tentar fazer alguém ser diferente é desperdiçar energia. Se você usar metade dessa energia para mudar você mesmo, *você* se tornará diferente e as pessoas reagirão de outra maneira à sua frente.

Você não pode aprender a vida com outra pessoa. Cada um tem de aprender suas próprias lições. Amar a si mesmo é o primeiro passo para se aprender sozinho, sem se deixar abater pelos comportamentos destrutivos dos que o cercam. Se por acaso você está em uma situação em que tem de conviver com uma criatura realmente negativa que se recusa a mudar, dedique-se acima de tudo a aprender a se amar, o que o fará se afastar dela.

(In: *O Poder Dentro de Você,* Louise L. Hay, Círculo do Livro, São Paulo, 1993.)

CÍCERO (Marco Túlio) - Filósofo, orador e político romano. Estudou letras e leis em Roma e foi à Grécia aperfeiçoar-se com mestres de retórica. Uma questão jurídica, na Sicília, na qual ele saiu-se vitorioso, assegurou-lhe a glória. Ficou conhecido e foi designado para desempenhar as funções de cônsul para sufocar a conjuração de Catilina. É considerado orador de primeira grandeza e pensador que muito contribuiu para a difusão da filosofia grega em Roma. Apesar disso, caiu em diferença e foi condenado à morte. (degolado). Entre suas obras principais encontram-se: *Verrinas* (oratória); *De Inventione* (retórica) e *De Finibus Bonurum et Malorum* (filosófica). (106 - 43 a.C.).

"O trabalho é o grande remédio de todas as doenças."

A oração cura as doenças

Lauro Trevisan

Certa vez, um pai aproximou-se de Jesus, levando o seu filho, que sofria de ataques, e disse ao Mestre:

— Se puderes fazer alguma coisa, tem piedade de nós e ajuda-nos.

Disse-lhe Jesus:

— Quanto ao poder, quem tem fé tudo pode.

E curou o menino. (Mc. 9,14-29).

A fé, como ensinou o Mestre, cura todas as doenças. Não importa que nome tenham dado à sua doença. Ela tem cura.

O primeiro passo para você alcançar a cura do seu mal é ter a certeza de que tem cura.

Se você pensar que seu mal é incurável e que sua doença é irreversível, está bloqueando a força curadora.

Nenhuma doença resistiu ao método de cura pela fé, usado por Jesus. Ensinou seus discípulos a usarem o método da cura pela fé, e eles também alcançaram curas maravilhosas.

Contam os Atos dos Apóstolos que "havia na proximidade deste lugar um domínio pertencente ao Primeiro da ilha. Este nos recebeu e nos albergou de bom grado durante três dias. Justamente o pai de Públio, atacado de febres e de disenteria, estava acamado. Paulo foi vê-lo, orou e impôs-lhe as mãos, e ele sarou.

Diante disso, os outros doentes da ilha também o procuraram e foram curados. Por isso, cumularam-nos de todas as espécies de atenções e, à nossa partida, proveram-nos do necessário." (Atos, 28, 7-10).

O livro dos Atos dos Apóstólos narra muitas curas realizadas pelos discípulos de Jesus.

Mas, Jesus ensinou que todos têm o poder de curar as suas doenças, porque a fé é um dom existente em qualquer criatura humana.

O Apóstolo Tiago, numa de suas cartas, escreveu: "A oração da fé curará o doente e o Senhor o porá de pé."

Note bem que Tiago não disse que a oração da fé talvez possa curar a sua doença. Nada disso. A oração da fé, sem dúvida nenhuma, curará o enfermo, seja qual for a doença.

Tiago ainda acrescenta: "E se tiver cometido pecados, estes lhe serão perdoados". Portanto, a oração da fé não só elimina o efeito, como também a causa.

Recorde, mais uma vez, a história daquela mulher que sofria de um fluxo de sangue. Em doze anos de tratamento, nenhum médico conseguira curá-la. Gastara toda a sua fortuna em vão.

Um dia, Jesus percorria as ruas da cidade onde morava esta senhora. Ao saber da presença de Jesus, a mulher ficou feliz e alimentou a certeza de que a curaria. Dizia consigo mesma: "Se lhe tocar sequer o manto, serei curada". Esta era a oração da fé daquela mulher. Oração simples, direta, decidida, definitiva: "Se lhe tocar sequer no manto, serei curada."

Ao tocar o manto de Jesus, ficou instantaneamente curada. (Mt. 9, 18-26).

(In: *O Poder Infinito da Oração*, Lauro Trevisan, Editora e Distribuidora da Mente, Santa Maria, RS, 1988.)

Pensar é causar

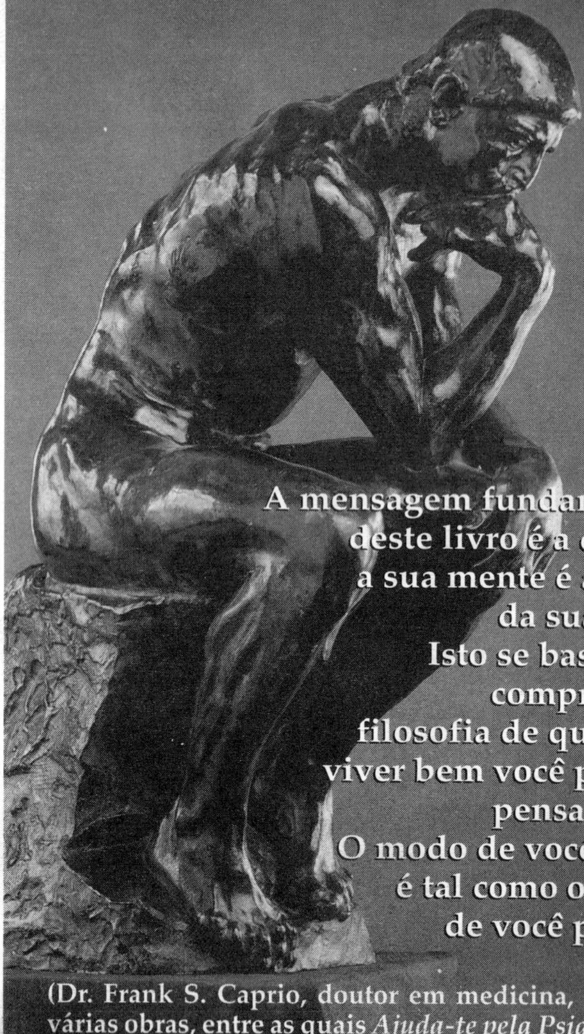

A mensagem fundamental deste livro é a de que a sua mente é a dona da sua vida. Isto se baseia na comprovada filosofia de que para viver bem você precisa pensar bem. O modo de você viver é tal como o modo de você pensar.

(Dr. Frank S. Caprio, doutor em medicina, autor de várias obras, entre as quais *Ajuda-te pela Psiquiatria*.)

Dez regras que manipulam o autocontrole

Shad Helmstetter

1. O cérebro humano é um órgão fisiológico que, através de um processo eletroquímico específico reúne, processa, estoca e age de acordo com a informação que recebe.

2. A informação apresentada à mente subconsciente provoca tanto uma resposta fisiológica quanto uma resposta psicológica.

3. Qualquer informação apresentada à mente subconsciente está sempre ligada, e é afetada por informação previamente estocada.

4. A mente subconsciente é um mecanismo neutro que responde à informação sem levar em consideração, subjetivamente, sua precisão ou valor.

5. A mente subconsciente não conserva pontos de vista ou preferências a não ser os que recebe como resultado de sua programação.

6. O subconsciente, quando diante de dois ou mais programas que estão em conflito um com o outro, tentará agir de acordo com o programa mais forte.

7. A força do programa é influenciada pelo número de vezes que informação igual ou semelhante é apresentada.

8. A força do programa é influenciada pela importância percebida da fonte do programa.

9. A força do programa é influenciada pela quantidade de emoção associada com o programa.

10. A mente subconsciente tentará, sempre, agir de acordo com seu programa operativo dominante.

Para ajudá-lo a explorar a melhoria do controle sobre seu ego, examinemos com mais atenção cada uma destas "regras" do subconsciente que estão por trás de seu próprio autocontrole.

(In: *Programação Neurolingüística*, Shad Helmstetter, Editora Record, Rio de Janeiro, 1994.)

BENJAMIN FRANKLIN - Estadista, editor, escritor, músico, filósofo, cientista e inventor norte-americano. Nasceu em Boston. É considerado, em determinados aspectos, o maior dos grandes homens do continente americano. O chefe revolucionário francês Mirabeau classificou-o como o filósofo que mais contribuiu para a expansão dos direitos do homem na Terra. Entre suas inúmeras realizações foi o inventor do para-raios; o primeiro a identificar os polos negativo e positivo da eletricidade. É considerado o pai da hidrodinâmica. Fundou a primeira associação da América — a Sociedade Filosófica Americana. Uma de suas obras famosas é *Regras*. (1706 -1790).

"

Vigiai cuidadosamente os apetites e tendências para não contrairdes maus hábitos e vícios.

"

Goste de sua própria pessoa, pelo menos durante a maior parte do tempo

Norman Vincent Peale

Ele não tinha idéia do que iriam atirar-lhe em cima, quando abriu a porta. Nem de leve estava preparado. Mesmo assim, enfrentou o caso satisfatoriamente, embora auxílio de emergência fosse necessário. Aquele jovem pastor e a sua ainda mais jovem e recente esposa, tinham mudado para uma reitoria rural, havia apenas três dias. Tratava-se de diminuta vila, e sua igreja era um edifício branco, pequenino, com o modesto presbitério logo vizinho. O jovem casal estava exatamente sentando-se para o jantar quando a campainha da porta tocou.

O visitante, homem que aparentava trinta e cinco anos, dava uma impressão tipicamente Avenida Madison e clube de campo. Seu alfaiate, era evidente, sabia como instalar com habilidade um homem dentro de um costume que lhe assentava como uma luva. Largo de ombros e esbelto de cintura, era o que se poderia chamar um dos "dez mais". Tinha um aspecto sofisticado que deveria torná-lo irresistível num coquetel. Parado junto ao meio-fio estava seu carro, um modelo estrangeiro, ousado, de linhas esportivas.

— O senhor não me conhece — disse ele. — Eu moro em... (e indicou uma cidade que não ficava longe) mas estou embaraçado, realmente embaraçado.

Seu rosto contraído sublinhava o que ele dizia.

— Tenho estado guiando em círculos durante horas, e sinto-me morto de cansaço.

O pastor convidou-o a entrar e ofereceu-lhe uma cadeira. Então, o visitante continuou:

— Preciso conversar com alguém que me compreenda e que seja cem por cento no manter em segredo uma confidência. Estou abatido, completamente vencido. Não há esperança, não há saída que eu veja. Posso mesmo dizer-lhe que o senhor é a minha última tentativa. Se não puder me ajudar vou liquidar comigo, se conseguir arranjar coragem para isso.

Que ele falava a sério era evidente, mesmo para um jovem pastor inexperiente.

— Como lhe aconteceu vir ter aqui? — perguntou este, procurando ganhar tempo, a fim de resolver sobre o caso em curso.

— Estive guiando o carro por aí, não sei por quanto tempo, e aconteceu-me ver a igreja. Não sei por que parei, a não ser... talvez... é que fui literalmente educado numa Escola Dominical e numa igreja, quando menino. Seja como for, tive vontade de parar.

— Que é que o está transtornando assim? — indagou o jovem pastor.

— Não sei, realmente... Estou terrivelmente deprimido, com ódio de mim mesmo. O caso é que estou tão infernalmente farto de mim que não me desejo ver nunca mais. Com os diabos, que pode fazer por mim, Reverendo?

Bem, uma coisa era certa: o Reverendo não sabia o que poderia fazer. Entretanto, o jantar estava esfriando. Mas a jovem esposa era filósofa. Pôs o jantar do marido no forno e serviu-se do seu.

— Vou lhe dizer uma coisa — falou o pastor. — Sente-se aqui e relaxe os nervos por um momento.

Chamou a esposa:

— Meu bem, por favor, traga uma xícara de café bem quente aqui para o nosso amigo.

E depois:

— Beba o café, que lhe vai fazer bem. E enquanto bebe terei de fazer uma pequena consulta na sala dos fundos. Estarei logo de volta.

Na sala dos fundos ele ficou olhando sem ver, pela janela. Era um homem de verdade, atleta em seu colégio, e o tipo do líder popular. Fora atraído para o ministério, de início porque um conferencista universitário lhe transmitira "profunda preocupação pelo mundo". Depois, sabia que estava no Seminário Teológico, tentando encontrar a si próprio, mas, basicamente, só conseguia ficar mais confuso. Ainda procurava a si próprio, e aquele eu procurado mostrava-se esquivo.

Embora fosse um ministro, caiu na linguagem comum:

"Isto agora está complicado! Arre! Mal comecei a trabalhar e já me aparece um sujeito atirando tamanho problema para cima de mim. Com a breca, o que posso fazer num caso desses?"

Passou rápido exame retrospectivo em seu curso do Seminário, tentando arranjar uma idéia prática que pudesse ser útil em crise pessoal como aquela.

"Nada, a não ser filosofia, sociologia, ação social. Tudo isso pode ser muito bom, mas não adianta nada neste momento, tenho certeza. Que espécie de professores são aqueles, que não me disseram, simplesmente, como compreender e ajudar um ser humano? Que vale toda essa história de "preocupação social", se não posso auxiliar um pobre sujeito? Por que não saem eles de suas salas de aulas e vão tomar conhecimento dos fatos da vida? Gente! Estou perdido, inteiramente! Não me vem uma idéia à cabeça" — gemia ele.

Então, resolveu fazer uma "consulta". Rezou, e mesmo sua prece foi das mais terra-a-terra:

"Senhor, estou atrapalhado. Por favor, dize-me o que devo dizer àquele sujeito. Amém."

Essa é a espécie de oração que agrada a Deus, se deseja a minha opinião. Exposição sucinta de uma necessidade real, oferecida com humildade e honesta fé. E o Senhor disse-lhe, realmente, o que dizer "ao sujeito", é como dizê-lo com eficácia, também. Mesmo sem saber muito, o pastor era sincero em seu afeto pelos seres humanos; e esse, naturalmente, é o sentimento básico quando se trata de ajudar terceiros.

De sua prece na sala dos fundos o pastor obteve a orientação de que deveria sentar-se junto daquele homem e fazê-lo falar. Compreendeu também que seu visitante, detestando a si mesmo, como estava, precisava de alguém que mostrasse por ele interesse e preocupação autênticos, mesmo alguma coisa mais, a fim de lhe transmitir um sentimento de estima, restaurando sua fé num eu que vacilava. Finalmente, devia fabricar esperança na alma daquele homem e fazê-lo ganhar a certeza de que Deus o ajudaria. Devia tentar introduzir Deus na mente de seu visitante, como um fator verdadeiro.

Assim, voltou à sala de estar, deixando cair seu corpo alongado na cadeira, em atitude tranqüila, calma, como se tivesse todo o tempo do mundo para dedicar àquele homem. Sua maneira pareceu afrouxar a tensão do outro até certo ponto, e eis que ele começou a falar. Hesitante, de início, depois expandindo-se francamente, registrando conflitos, fracassos morais e desonestidades que realmente poderiam minar a auto-estima. O pastor ouvia com amistoso interesse, enquanto ia enviando ao homem que ali estava, deliberadamente, pensamentos de estima. Praticava, assim, a técnica de Frank Laubach: "disparar orações", silenciosamente, para o visitante. Qual era o problema do homem? Um dos mais complicados, no qual a auto-estima e o respeito próprio tinham sido despedaçados por sucessivas violações das idéias éticas básicas, das quais ele quisera afastar-se, mas não conseguira.

Uma hora depois daquela conversa o ministro esticou o corpo.

— Estou com uma fome de lobo. Também o senhor deve estar faminto.

E, chamando a esposa:

— Meu bem, acha que pode salvar um par de sujeitos que morrem de fome?

— Com toda a certeza — respondeu ela, da cozinha. Já vou tratar disso.

Logo depois estavam os dois homens se refazendo, especialmente o visitante, que evidenciava seu alívio mental pela reafirmação da fome física. Os dois homens chegaram, mesmo, a gracejar e brincar um pouquinho. Antes que a refeição terminasse já se estavam chamando pelos primeiros nomes, Sam para o visitante, Chuck para o pastor.

Às onze horas da noite, Sam e Chuck estavam do lado de fora da casa, junto do carro de ousado modelo estrangeiro, tipo esportivo.

— Sam, antes que você vá, eu gostaria de lhe dizer só uma coisa mais. Está se sentindo melhor agora porque encontrou um amigo com o qual pode compartilhar sua preocupação, e assim sentiu autêntico apoio humano. Temos de fazer uma transferência, de mim, amigo humano, para aquele outro amigo que pode estar ao seu lado todo o tempo, e guiá-lo para a nova vida que vai iniciar daqui por diante.

— Compreendo-o, Chuck, e gostaria disso.

Assim, ambos rezaram, de pé, ali sob o luar prateado. Apenas uma breve oração. Chuck rezou:

"Senhor, toma Sam contigo e vai com ele. Ajuda-o a deixar que orientes realmente a sua vida."

Então, disse:

— Agora, reze você, Sam.

— Quer dizer que devo rezar alto? Nunca fiz tal coisa em minha vida.

— Pois agora é tempo de começar a fazê-lo. Além disso, somos amigos, não somos?

Depois de longa hesitação, Sam disse:

"Senhor querido, obrigado por Chuck. Seguramente Tu me conduziste a ele. Preciso de Ti. Por favor, toma-me e orienta a minha vida. Por favor, ajuda-me. Amém."

Depois que Sam desapareceu com seu carro ao fim do caminho, Chuck andou de cá para lá diante de sua igrejinha, tomado de uma euforia como jamais sentira antes. Lágrimas coalhavam-se em seus olhos. Subitamente, amou o mundo inteiro, especialmente a minúscula igreja toda branca, que brilhava ao luar.

— Arre! — disse ele, em voz alta. — Por nada neste mundo eu quereria ter escolhido outra carreira. Obrigado, meu Deus, por me teres trazido Sam. Ficarei ao lado dele até que realmente Te encontre e então ele e eu ajudaremos outros, pelos anos a vir.

Com dois pulos estava outra vez dentro de casa, e surpreendia a esposa erguendo-a no ar e dançando com ela em torno da sala.

— Pára! Pará! — gritava a moça: — Estou sem fôlego! Que acontece contigo?

— Menina! É maravilhoso! Simplesmente maravilhoso, este ministério. Meu bem, Deus esteve nesta casa, esta noite.

Ela parou diante do marido:

— Deixa-me olhar para ti, Chuck querido. Nunca vi teu rosto assim. É simplesmente maravilhoso. Estás positivamente exaltado.

Depois, com imensa ternura:

— Tive agora uma visão toda nova de ti. Meu Chuck realmente, um sacerdote.

Naquela noite Chuck tornou-se um otimista de ânimo resistente.

Esse primeiro caso de Chuck, quando ele se instalava como profissional do espírito, relacionava-se com um homem que chegara a detestar-se de maneira extremada, num ódio anormal contra si próprio, originado em pensamentos e sistema de vida errados. Do processo de transformação espiritual que, aliás, trouxe vida nova e vigorosa para Sam, Chuck extraiu uma fórmula, podemos dizer mesmo uma receita, que provou ser útil para muita gente.

Era a seguinte:

1. Aprenda a conhecer-se, realmente.
2. Aprenda a estimar-se, realmente.
3. Aprenda a deixar que Deus oriente sua vida, realmente.

(In: *O Poder do Otimismo*, Norman Vincent Peale, Editora Cultrix, São Paulo, 1975.)

(Paracelso: médico, filósofo e alquimista suíço, seu verdadeiro nome era Philippus Aureolos Theophnastus Bombast von Hoheñheim. Sua melhor obra é *Grande Tratado de Cirurgia*. Foi um revolucionário das ciências. 1493-1541.)

Existe atualmente no mundo inteiro um crescente interesse pelo tema da terapêutica mental. O homem está despertando pouco a pouco para as forças curativas que residem em seu subconsciente. É fato conhecido que todas as várias escolas de cura pelo pensamento têm obtido os resultados mais surpreendentes.

A explicação é que só existe um princípio universal de cura: a mente subconsciente; e um só processo de cura: a convicção, ou fé.

Com muita razão, Paracelso declarou esta grande verdade: "Seja o objeto de sua fé verdadeiro ou falso, você obterá os mesmos resultados".

Minutos de sabedoria

C. Torres Pastorino

Lembre-se de que colheremos, infalivelmente, aquilo que houvermos semeado.

Se estamos sofrendo, é porque estamos colhendo os frutos amargos das sementeiras errôneas do passado.

Fique alerta quanto ao momento presente!

Plante apenas sementes de otimismo e de amor, para colher amanhã os frutos doces da alegria e da felicidade.

Cada um colhe, exatamente, aquilo que plantou.

* * *

Modifique seu modo de pensar, para que sua saúde se firme e estabeleça.

Pare de queixar-se de doenças!

A doença é aumentada pela nossa emissão mental negativa.

Expulse a enfermidade, confiando em sua cura!

Você pode curar-se!

Você está melhorando cada dia mais, sob todos os pontos de vista.

(In: *Minutos de Sabedoria,* C. Torres Pastorino, Editora Vozes, Petrópolis, 1993.)

EMERSON (Ralph Valdo) - Ensaísta, conferencista, filósofo e poeta norte-americano, nascido na cidade de Boston. Estudou em Harvard com a perspectiva paterna de se tornar ministro religioso. Por algum tempo Emerson exerceu a função de Pastor em sua cidade Natal. Contudo, uma divergência doutrinária fê-lo desistir e retirar-se da Igreja. Desenvolveu a filosofia transcendentalista, exposta em suas obras: Natureza, Ensaios, Sociedade e Solidão, entre outras. Segundo consta, o transcendentalismo exerceu grande influência sobre a vida intelectual norte-americana do século XIX. (1803 - 1882).

“

Não há derrota senão a que vem de nós mesmos. Não há barreira intransportável senão a nossa própria fraqueza de propósitos.

”

Boa nutrição para boa vida

Dr. Linus Pauling

Acredito que, tomando algumas medidas simples e pouco dispendiosas, você pode viver por mais tempo e prolongar seus anos de bem-estar. A recomendação mais importante que lhe faço é tomar vitaminas todos os dias em quantidades adequadas, para complementar as que você obtém em sua alimentação. Essas quantidades adequadas são muito maiores que a ingestão complementar mínima normalmente recomendada por médicos e nutricionistas ultrapassados. A ingestão de vitamina C por eles recomendada, para citar um exemplo, não é muito maior do que a necessária para prevenir o escorbuto, uma doença provocada por deficiência dietética. O conselho que dou sobre ingerir grandes quantidades de vitamina C e outras vitaminas é baseado em novo e melhor entendimento quanto ao papel desses nutrientes — que não são medicamentos — nas reações químicas da vida. A utilidade de maiores ingestões complementares indicada por esse entendimento tem sido invariavelmente confirmada por esses testes clínicos na medida em que vêm sendo realizados e pelos primeiros estudiosos pioneiros na nova epidemiologia da saúde.

Tomando vitaminas e outros nutrientes de forma apropriada e seguindo algumas outras práticas saudáveis a partir da juventude ou da meia-idade, acredito que você possa prolongar seu tempo de vida e seu bem-estar em vinte e cinco ou até trinta e cinco anos. Uma vantagem de se aumentar o período de bem-estar é que a fração da vida, durante a qual um indivíduo é feliz, torna-se maior. A juventude é uma época de infelicidade; os jovens, empenhando-se para achar seu lugar no mundo, vivem sob grande tensão. Normalmente, a deterioração da saúde resultante da idade torna o período anterior à morte uma nova fase de infelicidade. Há evidência de que, numa idade avançada, existe menos infelicidade associada à morte do que na juventude.

Por esses motivos, é sensato que se tomem as medidas de saúde que aumentarão o período de bem-estar e a expectativa de vida. Se você já for idoso ao começar a tomar complementos vitamínicos nas quantidades apropriadas e a seguir outras práticas para melhorar sua saúde, você pode presumir que o controle do processo de envelhecimento seja menor, mas ainda estenderá o período de vida em quinze ou vinte anos.

(...)

A classe médica e as poderosas instituições médicas e empresas neste país passaram a chamar a si próprias de profissionais da saúde, de centros de saúde e de empresas de saúde. É uma designação incorreta para o que é, de fato, a indústria da doença. Gosto da definição de saúde estabelecida no estatuto da Organização Mundial da Saúde (OMS), que diz: "A saúde é um estado de total bem-estar físico, mental e social, e não meramente a ausência de doença e enfermidade".

O estatuto da OMS afirma ainda que "o gozo do maior nível atingível de saúde é um dos direitos fundamentais de todos os seres humanos, sem distinção de raça, religião, preferência política e condição econômica ou social". É um direito de que apenas uma minoria da população mundial pode contudo desfrutar. É um direito acessível às pessoas afortunadas deste país, que têm a riqueza material para torná-lo real. É um direito acessível a você, só restando reivindicá-lo por meio do comportamento sensato. Além disso, graças à nova ciência da nutrição, você pode atualmente multiplicar as vantagens de hábitos saudáveis, tomando, todos os dias, as quantidades adequadas das vitaminas essenciais.

Ninguém melhor do que a própria pessoa para avaliar seu estado de saúde. É importante pensar na própria saúde e agir de forma a melhorá-la.

(In: *Como Viver Mais e Melhor*, Dr. Linus Pauling, Editora Best Seller, São Paulo, 1988.)

RENÉ DESCARTES - Filósofo, escritor e matemático francês. Deu início à filosofia científica.É considerado o "pai" da filosofia moderna baseada no princípio da ciência. Foi contemporâneo de Giordano Bruno e Galileu, porém, mais cauteloso que estes, em suas teorias, não entrou em choque com a Igreja Católica e não teve problemas com a Inquisição. Sua filosofia deu origem ao termo "cartesiano". Entre suas obras mais famosas está o Discurso do Método. (1596 - 1650).

"Elevai a tal ponto a vossa alma que as ofensas não a possam alcançar."

Corpo e mente — os inseparáveis

Dr. Sang Lee/Dr. Wanfred Krusche

Vivemos numa época em que a ciência médica age principalmente em função de um conceito já introduzido chamado "dicotomia". O que é dicotomia? Significa algo separado. Dividido. O que é dividido no conceito da ciência médica? O corpo humano.

Há muitos anos firmou-se a idéia de que na realidade somos constituídos por duas partes bem distintas, definidas e separadas: — corpo e mente. O corpo, a porção material, constituída de tecidos, órgãos, ossos e pele. A mente, porção imaterial e abstrata, embora dependente do corpo, é como se possuísse existência própria.

Não é essa a realidade. Mente e corpo estão íntima e inseparavelmente ligados. O que afeta a mente atinge o corpo e o contrário também é verdadeiro. O corpo influi sobre a mente. Como você reage quando alguém pisa no seu pé? Mantém a mesma atitude de tranqüilidade como se nada tivesse acontecido?

Essa relação mente-corpo pode manifestar-se

com muita clareza. Norman Cousin em seu livro *Anatomy of an Illness* (*Anatomia de uma Doença*) ilustra esta relação entre mente e corpo tanto no aspecto positivo como negativo, nestes casos:

Chamado com urgência, um médico cardiologista e professor de escola de medicina, estava por deixar o prédio da escola, quando reconheceu, sentada no saguão, a paciente que seria o objeto da próxima aula. Como não poderia fazê-lo pessoalmente, devido ao chamado, indicou a senhora aos seus alunos, apenas referindo-se a ela como portadora de TS (abreviatura em inglês da doença Tricuspidis Stenosis — uma doença rara que afeta a válvula tricúspide do coração). A moça ouviu a referência feita a ela e como não sabia que TS significava a sigla de sua doença, imaginou logo que TS seria o código das palavras em inglês: "Terminal State" - estado terminal. Pensou ela que seus dias estavam contados e efetivamente morreu pouco depois do exame, na UTI daquele hospital, devido à súbita piora de seu problema.

O médico ou qualquer pessoa que lida com doentes e não conhece o relacionamento — corpo e mente — estará em grande desvantagem.

O reverso, porém, também ocorre. Certo senhor com um coração enfraquecido estava, esse sim, em seu estado final. Um coração normal possui dois sons apenas, mas em caso de falência do músculo cardíaco, pode aparecer um terceiro som que é denominado "ritmo de galope".

Pouca esperança havia para este homem; Naquele dia, o médico-chefe da enfermaria se fez acompanhar por seu grupo de estudantes de medicina. Imaginando que o semicomatoso paciente, já pouco percebesse do que acontecia ao seu redor, disse: "hoje vocês vão ver um "bom galope", — estágio final da doença. Surpreendente é que, após duas semanas, o doente recebeu alta do hospital em boas condições de saúde. Aquele senhor entendera que "bom galope" significava melhora de seu caso.

A esperança estimulou sua mente, e o processo de cura e restauração foi iniciado.

O sistema nervoso, bem como o corpo como um todo, estão continuamente produzindo e liberando, para a circulação sangüínea, inúmeros tipos de substâncias protéicas, hormônios e enzimas. Dia e noite esse processo tem seu curso enquanto dura a vida. Não podemos controlar a formação dessas substâncias, mas sim, aumentar ou diminuir, acelerar ou freiar esses processos, dependendo da atitude mental.

Cada dia surgem maneiras, as mais diversas, para tentar influir sobre o corpo através da mente. Esse é o objetivo, por exemplo da meditação, hipnose, e outras práticas que procuram atingir o corpo através da mente humana.

O que acontece no organismo humano para que essa relação entre corpo e mente funcione?

Cada célula é formada por uma estrutura completa, com suas várias atividades funcionando sob o controle do seu "cérebro" — o núcleo. A célula realiza as funções para as quais foi programada, desde que receba os produtos corretos de que necessita: — proteínas, carboidratos, oxigênio, água. Também devem ser afastados dela os elementos tóxicos. Sempre que isso não funciona perfeitamente, o núcleo das células, formado em última instância pelos gens, reconhece a anormalidade e procura fazer esse fato chegar ao conhecimento do sistema nervoso. Quando o sistema nervoso reconhece o problema, vem à consciência que algo anda mal.

Você participa de uma festa de casamento até tarde da noite. À medida que o tempo passa vai comendo mais e mais o que lhe é oferecido. Quando você chega em casa sente que nem tudo está bem. Uma vaga sensação de desconforto e incômodo localizado no abdômen vai crescendo... O que é isso? Essa festa não atendeu às reais necessidades das células. Nem a qualidade, nem a quantidade e, tampouco o horário da alimentação correspondem aos interesses de cada célula. Os gens protestam. O sistema nervoso recebe a mensagem e gera-se em você uma tensão.

A mensagem aos gens é clara: "o que você fez?" Se o erro for reconhecido, vem a segunda pergunta: "por que agiu dessa forma?" Assim, de maneira permanente, o corpo dialoga com a mente exigindo explicação e propondo solução.

Agora é a vez da mente agir sobre o corpo. Você tornou-se consciente do problema de suas células digestivas. Não se sente bem. Quer dormir e descansar, mas não pode.

O enjôo aumenta, a dor multiplica-se. "Que será isso? Algo grave?" O coração bate irregular e você recorda o seu tio que começou assim também...

Você se sente ameaçado e o sistema nervoso passa a liberar mais adrenalina. O coração acelera mais. Você sua frio, pés e mãos estão gelados.

Na dificuldade, o jeito é ir ao médico e ver o que está acontecendo. Lá medem-lhe a pressão e verificam estar alta. Não pode voltar para casa, pois o médico diz que você corre risco de um derrame ou coisa parecida. Se realmente suas artérias já estão no ponto de ruptura, talvez não volte tão cedo para casa.

Tudo, porém, desencadeado por uma extravagância alimentar e posterior integração corpo-mente, e mente sobre o corpo.

Norman, no livro já mencionado, relata sua própria experiência. Acometido de doença reumatológica, denominada "espondilite anqüilosante" doença progressiva, debilitante e potencialmente grave, confiou-se aos cuidados de seu médico especialista.

Consultas iam e vinham, vários tratamentos tentados. Em determinado dia o médico especialista, após examinar Norman Cousin escreveu uma observação, na ficha, para o médico da família.

O médico foi forçado a sair momentaneamente do consultório, e a saída do especialista deu oportunidade para Norman espiar os dizeres do bilhete: "Colega, acho que estamos perdendo o nosso Norman Cousin".

Como você reagiria diante de um prognóstico como esse? Que faz alguém ao receber sua sentença de morte baseada na mais insuspeita autoridade do corpo humano — o especialista médico? A maioria capitula ante fatos aparentemente incontestáveis. Não, porém, Norman. Ele havia lido e estudado muito sobre o poder da emoção positiva, e encontrou forças para se opor à sua sentença dos tribunais da estatística.

Até certo ponto o médico estava certo: perdeu o paciente que resolveu lutar sozinho, e venceu.

O princípio da inter-relação mente e corpo está estabelecido em todas as áreas da medicina em nossos dias. A medicina psicossomática agora conhecida como psiconeuroimunologia, trata do assunto e procura trazer à luz solução mais ampla e abrangente para as doenças, sejam do corpo ou da mente.

Não poderíamos parar por aqui. Em que Norman se apoiou? Sobre que base colocou sua mente para reverter o curso de sua doença? A familiaridade com assuntos desse campo, serviu de apoio na hora crucial. Não podemos aplicar a qualquer pessoa o mesmo processo.

Norman dizia: "quando criança eu podia rir até não mais resistir. Ficava finalmente exausto. Não podia mais pensar em rir". Certamente o que curou Norman, apesar do seu testemunho, foi sua confiança no poder das emoções positivas. O que ele estava fazendo era o resultado de sua crença. Na realidade, rir e ter emoções positivas, enquanto doente, é uma experiência dolorosa.

A cura de Norman, porém, não foi total. Em 1980 foi vítima de um sério ataque cardíaco que o levou a olhar, com seriedade, dieta e exercício. Logicamente, a esperança baseada no riso não foi suficiente para gerar saúde completa. A esperança no placebo não o transforma em supermedicamento. A esperança deve ser usada para procurar um novo estilo de vida — NEW-START.

Apesar disso, a cura de Norman pelo seu método autocura resultou na instalação de vários centros de riso na América. Contudo o riso deve ser o resultado de nossa alegria, não um meio de produzi-la.

"Isso realmente é importante?" — talvez alguém pergunte. Respondo: sim.

Dizer ao doente "pense positivamente, você vai sarar", certamente pouco resultado trará. Argumentos têm pouca força para a maioria dos pacientes não acostumados a enfrentar a realidade com tanto otimismo.

Mesmo uma mente voltada ao hábito de pensar positivamente, necessita de uma base para buscar força e controlar seus pensamentos e emoções.

O doente pode não ter essa força interior, mas o médico necessita possuí-la. Se não houver uma ligação do facultativo com a fonte de poder, os resultados e curas de moléstias serão escassos.

Que poder é necessário para efetuar transformações sobre a mente e atuar sobre o corpo?

"Se Deus quiser", "só Deus sabe", e outras frases são chavões freqüentemente usados. À primeira vista, parecem frases corretas; porém, analisadas, mostram muitas dúvidas.

Reconhecemos vagamente as forças sobre-humanas, mas entendemos estarem totalmente fora do alcance humano. A vontade de Deus para o homem é: "Amado, desejo que te vá bem em todas as coisas e que tenhas saúde, assim como bem vai a tua alma". Deus deseja que façamos uso de todo o Seu poder, contudo, dentro das condições estipuladas pela sabedoria do Seu grande amor.

Uma vez que decidimos seguir Seus conselhos através das leis que regem corpo e mente, podemos esperar confiantes a atenção de sua graça, na restauração de nossa saúde.

(In: *Liberte-se,* Dr. Sang Lee / Dr.Manfred Krusche, Centro de Treinamento de Saúde, Cotia / SP, São Paulo, 1993.)

Toda cura é autocura

Carl Gustav Jung, suíço, foi um dos primeiros seguidores de Freud. Fundador da teoria da psicologia analítica. Autor de várias obras sobre o assunto. 1875-1961.)

"Os primórdios de todo o tratamento da alma devem ver-se no seu protótipo — a confissão."

A minha terapêutica

Georges Ohsawa

Segundo a medicina do Extremo Oriente, não existem meios terapêuticos, porque a Natureza, mãe de toda a vida, é a grande criadora e a grande curadora. A doença e a infelicidade, como o crime e o castigo, resultam da má conduta, isto é, de uma conduta que viola a ordem do universo.

De sorte que a nossa cura é infinitamente simples: toda a doença deve ser curada completamente em 10 dias, e eis por quê: a doença origina-se no sangue, o qual se decompõe um décimo todos os dias. Por conseguinte, o nosso sangue deve ser renovado em dez dias por uma alimentação normal e propriamente adequada.

Esta teoria é simples e obedece a uma lógica também simples. Mas a sua aplicação é delicada e pode ser muito complicada. Uma teoria sem o suporte prático é inútil, do mesmo modo que uma técnica sem teoria simples e clara é perigosa. Assim sendo, a nossa terapêutica é muito simples: consiste em utilizar os alimentos naturais e não empregar os remédios, as operações e as curas de repouso. Com efeito, é muito difícil encontrar, hoje em dia, alimentos e bebidas naturais. Entretanto, uma vez compreendido o princípio único de toda a filosofia e ciência do Oriente, isto é, a compreensão da constituição do universo e da sua ordem, nada existe que possa perturbar ou desanimar.

Infelicidade, doença e crime

Como Toynbee demonstrou, os impérios mundiais e suas respectivas civilizações foram destruídos por causa dos defeitos internos, do mesmo modo que todas as infelicidades e todas as doenças do homem, compreendendo o crime, são gerados por ele próprio, pela sua ignorância quase total das leis da natureza, porque, sendo o homem o Príncipe da Criação, ele nasceu no seio da felicidade celestial onde deveria permanecer.

Doenças incuráveis

Não existem doenças incuráveis. Milhares de pessoas doentes ditas incuráveis, como diabéticos, paralíticos de todas espécies, leprosos, epilépticos, asmáticos, etc., curaram-se em dez dias ou em algumas semanas pela macrobiótica, de maneira que estou convencido de que não haveria males incuráveis se se aplicasse corretamente a nossa filosofia médica.

Três terapêuticas

A meu ver, existem três categorias de terapêutica:

1. A *Sintomática*, que propugna a destruição dos sintomas pelos paliativos físicos, sempre mais ou menos violentos. É a medicina animal ou mecânica.

2 . A *Educacional*, baseada no desenvolvimento do discernimento, que permite ao homem conservar e controlar a sua saúde. É a medicina humana.

3. A *Criativa*, ou *espiritual*, que consiste em viver sem medo nem ansiedade, em plena liberdade e na justiça, ou, por outras palavras, em cada um realizar o seu EU. É a medicina do espírito, do corpo e da alma.

Se não desejardes adotar esta terceira terapêutica, é inútil continuar a ler este livro, posto que podereis ter a primeira pela medicina oficial, e a segunda, até um certo ponto, por um método espiritual ou psicológico.

Não existem doenças incuráveis para a Natureza, ou seja para Deus, no Reino da liberdade, da felicidade e da justiça. Existem, porém, pessoas a quem não podemos curar ou a quem não podemos ensinar a curarem-se. São os arrogantes, que negam a fé que remove as montanhas.

Se não tiverdes a vontade de "vivere parvo", isto é simplesmente e com o mínimo, não deveis nem podereis curar-vos.

Ouve-se dizer, algumas vezes, que tal pessoa desejaria curar-se, que tem vontade de se libertar de seu mal, a todo o preço, porém essa vontade não é senão o desejo dessa pessoa se recolher em si própria, por outras palavras, mera forma de derrotismo. Muitas pessoas desejam ser curadas por outras ou por qualquer instrumento, sem confessarem o "mea culpa", nem procurarem a falta que constitui a causa do seu mal. São os descendentes da raça de serpentes, das quais falava Jesus, e eles não devem e não podem ser curados, pois não merecem o Reino dos Céus. A *vontade de viver* começa pela pesquisa da causa de todos os males, de todas as infelicidades, de todas as injustiças, a fim de as vencer sem violência, sem instrumentos, porém de acordo com as normas do universo, enquanto que o desejo de curar os sintomas e de dominar a saúde não é senão uma manifestação do exclusivismo ou do egoísmo do indivíduo que não leva em conta a vontade do universo, ou que deseja mostrar-se superior a ela.

"Satóri"

O *satóri* é a convicção profunda, filosófica, bio-ecológica, lógica e fisiológica de se ter chegado ao Reino da Liberdade, da Felicidade e da Justiça, tanto em corpo como em espírito. Não é nem ocultismo, nem misticismo.

Se o caminho do *satóri* vos parecer infinitamente longo, isto significa que a vossa orientação é errada, que aplicais a fórmula "nós não sabemos e não saberemos jamais", há muito sugerida pelos homens de ciência ocidentais, como Henri Poincaré, que presentemente reinam no mundo e são dominados por esta idéia.

Se desejais atingir o *satóri*, deveis, antes de mais nada, estudar a nossa filosofia, base de todas as religiões, e praticar todos os dias, estritamente, o método macrobiótico. Deveis, antes de tudo, compreender a maravilhosa constituição do universo e a sua justiça.

Para vos tornardes um bom chofer ou um bom piloto, é necessário começardes por aprender o mecanismo e o funcionamento do veículo. Do mesmo modo, para serdes médico do vosso corpo, necessitais de estudar e examinar atentamente as suas reações. As trocas de pontos de vista sobre este assunto com amigos que fizeram, ou fazem, a mesma experiência que vós, são igualmente plenas de ensinamentos.

(In: *Macrobiótica Zen*, prof. Georges Ohsawa, Editora Germinal, Rio de Janeiro, 1970.)

SÃO LUCAS - Evangelista e Apóstolo de Jesus. Nas páginas dos Atos dos Apóstolos, na qual ele fala na primeira pessoa, pode-se deduzir de sua atividade missionária. O apóstolo São Paulo fala dele, na epístola aos colossenses, com as seguintes palavras: "saúda-vos Lucas, o médico amado". Um escrito do século II, confirma a versão de sua profissão de médico com as seguintes informações: "Lucas, um sírio de Antióquia, oitenta e quatro anos, na Beócia". Por seus relatos biográficos ficou conhecido como "o evangelista do Natal". São desconhecidas as datas de seu nascimento e de sua morte.

"Médico, cura-te a ti mesmo."

Como recarregar sua bateria física

Robert J. O'Reilly

Eliminar seu ponto de fadiga

Marie Beynon Ray, em seu livro *How Never to Be Tired* (*Como Não se Cansar Nunca*), edição da Bobbs-Merrill Co., 1944, com direitos autorais adquiridos em 1938, escreve:

"Quase todas as pessoas ficam cansadas... de vez em quando, freqüentemente ou sempre... e, contudo, ninguém de boa saúde devia cansar-se.

A causa de tal fadiga, a gente está convencida, não é difícil de se descobrir. É o trabalho excessivo. A cura é igualmente óbvia. É o descanso.

Eis, a bem dizer, como raciocina qualquer homem ou mulher. Todo indivíduo sempre ficou cansado por motivos como esse... e sempre ficará. Dê-lhe, diz o homem comum, um descanso bem longo e um trabalho bem pago e não muito árduo e você verá quão depressa a fadiga lhe desaparece!

Tudo isso afigura-se muito sensato e razoável. E tudo isso é, em cada palavra aí contida, absolutamente falso.

Você não fica cansado porque trabalha demais.

Não fica cansado porque despende toda gota de energia que possui.

O descanso não o curará.

Um trabalho fácil não o curará.

Todas as folgas e dinheiro do mundo não o curarão.

Não, o trabalho não é a causa e o descanso não é a cura."

Eis a causa mais provável

Um médico famoso certa vez examinou 300 homens e mulheres, que tinham ido à sua clínica por se acharem crônicamente cansados. Algumas dessas pessoas atribuíram o seu mal à deficiência de vitaminas; outras, aos pés chatos; e outras, ainda, à baixa pressão arterial. Todavia, após exame cuidadoso, o médico verificou que, das 300, 239 não tinham nenhum distúrbio *orgânico.*

Geralmente se crê que o trabalho por longas horas ou árduo causa fadiga, quando, na realidade, é mais provável que a ATITUDE da pessoa determine quão fatigada ela se sente.

Num artigo intitulado *The Adventure of Being Human* (*A Aventura de Ser Humano*), publicado na revista *Reader's Digest* de agosto de 1959, Bruce Bliven descreveu muitas das importantes descobertas do Prof. William James. Salientou ele:

"James apresentou prova convincente de que quase todos nós 'ficamos cansados' não por causa do esforço efetivo despendido, mas porque nos habituamos a sentir-nos fatigados a determinada hora ou depois de certo número de atividades. A esse limite que nos impomos, James chama 'ponto de fadiga'. E o professor mostra-nos que tal ponto está muito aquém do grau da verdadeira exaustão. Diz ele: 'Alguns de nós ficam realmente exaustos, porém uma parte muito maior de nós não se fatigaria, absolutamente, a não ser que tivesse caído no vezo de sentir-se cansada, por seguir o hábito predominante da vocalização e expressão' (falar ou parecer cansado).

Estamos acostumados a ficar exautos na hora de deixar o escritório, por exemplo, e, assim, todo dia às 5 horas da tarde caminhamos curvados, de modo cansado, assumimos um ar cansado ou dizemos às pessoas quão cansados nos achamos — e isso fez-nos *sentir* fatigados.

James assegura-nos que quase todos os indivíduos podem, se o quiserem, eliminar seu ponto de fadiga, observando a ocasião em que todo dia parecem estar exaustos e, em seguida, tentando deliberadamente continuar a trabalhar até uma hora mais avançada, todos os dias, estabelecendo, assim, um novo padrão de cansaço."

(In: *Pensamento Dinâmico,* Robert J. O'Reilly, Editora Cultrix, São Paulo, 1965.)

Mahatma Gandhi, líder espiritual e político da Índia. Um dos mais extraordinários homens de nosso século. Era grande estudioso da saúde humana. (1869-1948.)

"A satisfação está no esforço e não apenas na realização final."

Opiniões que contam

Vendo com óculos emprestados

Dr. Lair Ribeiro

Qualquer opinião depende do "ponto de vista". Nossa maneira de ver alguma coisa pode variar conforme o lugar de onde observamos. Quando somos pequenos, não escolhemos esses lugares: somos conduzidos a eles, pelos mais velhos.

O exemplo de uma simples aula de matemática pode nos explicar muito bem essa relatividade das opiniões:

Durante uma aula, a professora solicita que dois meninos e uma menina saiam da sala por um minuto e esperem lá fora. Faz um desenho no quadro. Chama o primeiro menino, traz para o lado esquerdo do quadro e pergunta:

— O que você vê?

Ele diz: — Estou vendo uma linha côncava.

Chama então a menina, traz para o lado direito do quadro e pergunta a mesma coisa. Ela responde:

—Estou vendo uma linha convexa.

Chama o outro aluno, colocando-o no meio, em frente ao quadro, e ele responde:

— Estou vendo uma linha curva.

A professora olha para cada um deles, vira-se

para a turma e pergunta:

— Quem está certo?

E os alunos percebem que todas as três opiniões estavam certas. A resposta dependia simplesmente do ponto de vista em que estavam.

* * *

Acreditamos ter opiniões a respeito de coisas, pessoas e lugares. Na verdade, quase sempre a história é exatamente oposta. As opiniões têm a gente.

No fundo, o seu nível de escolha é muito pequeno, e você vive como se fosse uma marionete, onde alguém está puxando o barbante. Esse alguém é, na maioria das vezes, o "pai" ou a "mãe" que você tem codificados dentro de si (não exatamente o pai e a mãe que eles foram, mas as idéias e sentimentos que você traz em sua mente, desde a infância, a respeito deles).

Pode ser , que você, sem perceber, esteja vendo o mundo com olhos que não são os seus.

Esses olhos alheios são, principalmente, os pontos de vista que você absorveu na primeira infância, das pessoas que tiveram mais influência sobre você. E também na vida adulta essa absorção de opiniões alheias continua, para quem não tem a personalidade bem firmada. Quem não tem auto-estima não acredita em si e prefere seguir sempre a opinião dos outros.

Você não pode dirigir um carro orientando-se pelo retrovisor e pelos espelhos laterais, assim como não pode orientar sua vida pelos acontecimentos do passado e pelas opiniões dos os outros.

***Perdoar,
antes de ser um ato de amor,
é um ato de inteligência.
Só não perdoa quem é burro.***

Use seus próprios olhos, escute seu próprio coração, decida você mesmo sobre o lugar aonde quer chegar. Trace as suas metas, defina os objetivos da sua vida. Se esses objetivos forem traçados pelos outros, não será para você a recompensa.

Quem anda com seus próprios passos gosta dos seus pés, confia no seu senso de direção. Para isso, é preciso conhecer os próprios sentimentos e opiniões.

(In: *Auto-Estima - Aprendendo a Gostar mais de Você,* Dr. Lair Ribeiro, Editora Objetiva, Rio de Janeiro, 1994.) .

VICTOR HUGO - Escritor, poeta e político francês, nascido em sançon. Consta que nenhum escritor dos tempos modernos, exceto Goethe, alcançou o êxito e a popularidade de Victor Hugo. Paralelamente a isso, teve uma vida pessoal e familiar marcada por fatos dramáticos. Na literatura teve a decepção de ver uma de suas obras _ *Marion Delorme* — proibida pela censura. Aos 60 anos foi eleito Senador. Morreu com 83 anos. Sua obra mais famosa é *Os Miseráveis*. (1802 -1885).

"

No homem há uma serpente: o entestino, que tanto trai e castiga.

"

Cura natural

Mark Bricklin

Muitas pessoas consideram a cura natural uma alternativa radical ou talvez mística para os cuidados médicos tradicionais. Para elas, *talvez* exista um lugar para a cura natural; mas quando se trata de algo *sério* envolvendo *a saúde,* o melhor que a cura natural pode fazer é adotar um olhar de respeito, encher sua cestinha de ervas, grãos integrais, vitaminas e exercícios e fugir pelos fundos, sem bater a porta.

Até pouco tempo atrás, este era o conceito que eu tinha da cura natural. Mas ao escrever este livro, descobri que a verdade é exatamente o oposto do que eu imaginava.

Os cuidados médicos tradicionais, com raios X, testes de laboratório, drogas e cirurgias podem constituir um instrumento inestimável quando necessários. Mas assim como acontece com o fogo, os cuidados médicos podem chamuscar mãos descuidadas e, às vezes, consumir o inocente.

A cura natural não é capaz de certas coisas possíveis aos cuidados médicos tradicionais. Mas nem a melhor medicina tradicional é capaz de fazer algumas coisas importantes possíveis à cura natural. Como diz um médico neste livro, vale a pena lembrar que durante quase toda a existência da humanidade sobre a Terra conseguimos sobreviver e espalhar a nossa espécie sem qualquer cuidado médico. Ainda hoje, a maioria das pessoas possui acesso muito limitado aos cuidados da medicina moderna.

Mas o importante é que a cura natural e a medicina tradicional não se excluem mutuamente. Cada uma tem suas vantagens e limitações. Elas se sobrepõem em muitas áreas. É um fato significativo que o interesse pela cura natural hoje em dia talvez seja maior entre médicos jovens, formados por algumas das mais famosas escolas de medicina.(...)

Uma abordagem "orgânica" da cura

A cura natural se caracteriza por uma abordagem mais lenta, mais orgânica. Ela reconhece, antes de mais nada, que o corpo humano está soberbamente equipado para resistir a doenças e curar lesões. Mas, quando uma doença ataca o corpo ou quando ocorre uma lesão, o primeiro instinto da cura natural é verificar o que se pode fazer para fortalecer essa resistência natural e esses agentes curativos para que eles possam agir eficazmente contra o processo da doença. Não se espera que os resultados apareçam da noite para o dia. Mas também não se espera que eles ocorram às custas de efeitos colaterais e complicações perigosas.

A orientação da cura natural significa que, quando você tem uma dor de cabeça, em vez de tomar imediatamente um comprimido de aspirina — que pode prejudicar o revestimento do seu estômago ou causar efeitos colaterais ainda mais sérios —, você deve arranjar um travesseiro e tentar dormir um pouco. Dores nas costas? Em vez de tomar imediatamente um sedativo — que pode causar fadiga, perda de coordenação e coisas ainda piores —, tente relaxar os músculos lombares com aplicações de calor. *Severas* dores lombares? Em vez de recorrer imediatamente a analgésicos, que podem levar ao vício, tente uma manipulação osteopática, que muitas vezes remove a causa da dor. Dores lombares *crônicas?* Antes de recorrer a uma conservadora. Seu lema é: *não fazer nada drástico antes de verificar se algo mais simples, mais barato e mais seguro funciona.*

Os que consideram a medicina como a descoberta interminável de novas drogas e novas operações, muitas vezes consideram a cura natural um freio indesejado ao "progresso". Outros parecem estar tão envolvidos em seu profissionalismo que ficam intensamente agitados à simples menção de uma palavra como "vitaminas". Não há espaço para vitaminas ou exercícios autoprescritos na boa medicina, eles podem pensar. E não temos como contra-argumentar. *Mas o que é bom para o "progresso médico" ou para a "medicina" e o que é bom para os seres humanos são duas coisas inteiramente diferentes.*

Na verdade, a história mostra com clareza que em muitos casos o "progresso médico" significou desespero e até mesmo a morte para milhares de pessoas que confiaram sua saúde aos médicos e às suas "respostas novas e decisivas" para todos os problemas. É esse passado de falibilidade médica que levou muita gente, especialmente alguns médicos, a dar prioridade às técnicas conservadoras da cura natural na medida do possível e a usar essas técnicas como apoio quando há, de fato, necessidade de cuidados médicos .

(In: *Cura Natural,* Mark Bricklin, Círculo do Livro, São Paulo, 1983.)

KRISHNAMURTI (Jiddu) - Escritor, pensador, conferencista e líder espiritual. Nasceu em Madapalle, sul da Índia. Foi educado na Inglaterra e Paris e viveu nos Estados Unidos. Sua filosofia baseia-se na premissa de que o desenvolvimento espiritual decorre da conquista individual. Viajou pelo mundo proferindo palestras. A maioria de suas obras são compostas de diálogos entre ele e seus ouvintes. Entre suas obras figura: *Liberte-se do Passado.* (1895 - 1986).

"O homem ignorante não é o que não tem instrução; é aquele que não conhece a si mesmo."

Cosmoterapia

Huberto Rohden

A alopatia reprime os sintomas mórbidos do corpo material.

A homeopatia elimina as desarmonias do corpo astral.

A cosmoterapia cura o homem integral.

Doença não faz parte do macrocosmo sideral, nem do microcosmo hominal.

A alma do Universo é perfeita saúde e sanidade.

Amigo, mantém harmonia com o Universo da tua alma, da tua mente, do teu corpo.

Mantém harmonia com o sistema planetário da tua natureza humana.

Põe no centro o sol do espírito e faze gravitar em torno dele os planetas dos teus sentimentos, pensamentos e emoções.

E teu Universo hominal cantará a sinfonia do Universo sideral.

Realiza a tua cosmoterapia!

E todo o caos das tuas angústias e moléstias será substituído pelo cosmos da saúde e felicidade.

Todas as tuas desarmonias têm início nos teus pensamentos.

O homem é aquilo que ele pensa no seu coração.

Quem pensa errado vive errado — quem pensa certo vive certo.

Teu pensamento é certo quando harmoniza com o teu Ser.

O teu Ser é o Espírito de Deus.

Tua consciência é a voz de Deus em ti.

Sintoniza o teu agir com o teu Ser — e estarás em sintonia com Deus.

Essa cosmoterapia te garante santidade, sapiência e sanidade.

Santidade da alma, sanidade da mente, saúde do corpo.

Para gozar dessa gloriosa cosmoterapia, dessa cura pelo espírito, deve o homem diariamente contactar o centro cósmico dentro de si mesmo, que os hindus chamam *Atman,* que Jesus chama Alma, e que os filósofos denominam o Eu verdadeiro.

Pela cosmomeditação alcança o homem a cosmoterapia.

E a saúde da alma dará saúde ao corpo.

A plenitude espiritual transbordará em abundância corporal.

Realizando o homem integral, o homem cósmico, o homem crístico.

(In: *De Alma para Alma,* Huberto Rohden, Editora Martin Claret, São Paulo, 1996.)

"Faça de ti mesmo seu próprio suporte, seu próprio refúgio."

Siddharta Gautama, o Buda (556 a.C. - 476 a.C.)

A regra mais importante da nutrição espiritual: comer pouco ! ! !

Dr. Gabriel Cousens

A importância de comer pouco

Moisés Maimonides (1135-1204 a.C.), grande escolástico e um dos curandeiros judeus mais celebrados, ensinou que "comer demais é como um veneno mortal para qualquer constituição, sendo a causa principal de todas as doenças".

Sai Baba, de Shirdi, um grande santo muçulmano-hindu do início dos anos de 1900, sempre aconselhou a "comer simploriamente e pouco".

Paavo Airola ensinou que "comer pouco sistematicamente é o segredo NÚMERO UM da saúde e da longevidade. Por outro lado, comer demais, mesmo que comidas saudáveis, é uma das causas principais das doenças e do envelhecimento precoce".

No livro *Essene Gospel of Peace, Book One,* Jesus disse: "E quando comerdes, nunca comais até ficardes cheios. Evitai as tentações de Satanás, e escutai a voz dos anjos de Deus. Pois Satanás e o seu poder sempre vos tentam a comer mais e mais. Mas vivei pelo espírito e resisti aos desejos do corpo. E o vosso jejum será sempre prazeroso aos olhos dos anjos de Deus. Então prestai atenção à quantidade que vós comestes quando ficastes saciados, e comai sempre um terço menos." Minha própria consciência de comer pouco foi elevada quando trabalhei como médico na Índia. Aos domingos, normalmente havia um banquete, e com a mesma regularidade nas segundas, terças e quartas-feiras as pessoas chegavam com diarréia e disenteria. Elas ficavam fracas, desconfortáveis, tinham suas vidas desorganizadas e sentiam dificuldade em meditar, como resultado do seu mal-estar. Existe um velho provérbio árabe que diz "Ao comer, ficamos doentes, e ao digerir ficamos saudáveis." Se estamos muito fracos para assimilar as forças e os organismos dos nossos alimentos, eles nos superam. Aqueles que costumavam comer muito pouco em tais banquetes normalmente não ficavam doentes, porque havia menos comida e menos forças bacterianas e parasitas a vencer. Este é um dos segredos de não ficar doente em viagens.

Uma das razões mais práticas para comer pouco é que se torna difícil meditar se nossa energia ainda está envolvida na digestão dos alimentos. Isto é verdadeiro principalmente quando queremos levantar cedo de manhã para meditar, tendo comido demais na noite anterior. Descobri também que, mesmo enquanto estava em um ciclo de meditação de seis horas por dia, e desde que comesse pouco, o alimento à minha disposição (vegetais cozidos e *chapatis*, um pão achatado) não esgotava minha energia de meditação de maneira alguma. Esta regra tem primazia sobre todos os outros conselhos dietéticos. Isto não significa que podemos fazer uma dieta de comer poucos alimentos ruins e não esgotar nossa energia. Se os alimentos crus, integrais, orgânicos estão disponíveis, ainda são a escolha para otimizar nossa dieta para a vida espiritual.

Provas científicas que sustentam o comer pouco

Em sua pesquisa sobre a longevidade, o Dr. Pelletier descobriu que nas culturas onde as pessoas tinham uma vida longa e saudável, como na região de Vilcabambam, no Equador, entre os *hunza* do Paquistão Ocidental, os índios *tarahumara* do México, e os russos da região de Abkházia, as dietas apresentavam baixa taxa protéica e eram ricas em carboidratos naturais que continham aproximadamente metade da quantidade, de proteínas que os americanos comem e apenas de 50 a 60% das calorias totais.[4] Airola prova em *How to Get Well* que não se tem notícia de um centenário gordo.

O Dr. Clive McCay, da Universidade de Cornell, descobriu que a expectativa de vida dos ratos dobrou quando a alimentação foi cortada pela metade. O professor Huxley aumentou a expectativa de vida das minhocas, que passou a ser calculada por um fator de 19, alimentando-as menos periodicamente. Pesquisas mostraram também que comer pouco aumenta a expectativa de vida de moscas de frutas, pulgas-d'água e trutas.

Existem muitos casos históricos sobre os benefícios de uma dieta frugal para a saúde e a longevidade. São Paulo, o ermitão, viveu 113 anos comendo apenas tâmaras e bebendo unicamente água. Thomas Carn, nascido em Londres em 1588, que viveu 207 anos, e um Sr. Jenkins, nascido em Yorkshire, na Inglaterra, que viveu de 1500 até 1670, não tomavam café, comiam leite cru ou manteiga com mel e frutas no almoço (Carn talvez tenha comido pão também), e leite cru ou fruta no jantar. A condessa Desmond Catherine, que viveu 145 anos, comia apenas frutas. O Dr. Szekeley informou que todas estas pessoas praticavam o comer pouco.

Dentre pessoas que comiam pouco, uma das mais famosas foi Luigi Cornaro, que viveu de 1464 até 1566. Ele era um nobre veneziano e administrador da diocese de Pádua. Nos seus quarenta, ele praticamente comeu até morrer. Foi atendido pelo Dr. Pai Benedito, que o aconselhou sobre a arte da vida natural e comer pouco. A partir de então, ele simplificou sua alimentacão para 373 gramas de comida e 435 gramas de bebida por dia, jamais saindo deste regime de comer pouco. Ele foi citado como tendo dito: "Para o sábio, uma palavra basta." A única exceção que fez foi aos 78 anos, quando sua família insistiu que se alimentasse mais. Ele aumentou 62 gramas e imediatamente ficou doente. Depois disso, reduziu sua dieta para 248 gramas de comida e 342 de líquido por dia até morrer com 102 anos. Seus escritos sobre comer pouco podem ser resumidos em duas sentenças: *Quanto menos eu comia, melhor me sentia* e *A ciência da saúde é não se saciar com comida.* Szekel diz que Luigi Cornaro é um elo da transmissão dos ensinamentos essênios. Esta transmissão veio através da tradução de São Jerônino do *Essene Gospel of Peace,* de Constantino, o Africano, que estudou estes textos no monastério no Monte Cassino, e ensinou as maneiras naturais dos essênios na Escola de Medicina de Salerno, onde o Dr. Pai Benedito foi treinado. Parte da transmissão dos ensinamentos essênios era a ênfase de Cornaro na sobriedade, que partilhava com todos, inclusive o papa, que se tornou seu discípulo. A sobriedade e a arte de comer com moderação podem ser reduzidas a duas orientações: primeiro, evitar comer mais do que o nosso sistema pode digerir e assimilar com facilidade; segundo, evitar alimentos e bebidas incompatíveis com o estômago. Sobriedade significa prestar uma atenção inteligente à quantidade e qualidade dos alimentos que comemos. Na prática, significa levantar da mesa enquanto ainda se deseja comer e beber mais. Há um velho provérbio que diz: "O que deixamos de comer depois de uma refeição saudável nos faz mais bem do que o que comemos."

(In: *A Dieta do Arco- Íris,* Dr. Gabriel Cousens, Editora Record, Rio de Janeiro, 1995.)

ARISTÓTELES - Filósofo grego, discípulo de Platão. Está incluído entre os grandes filósofos do mundo. Além da Filosofia destacou-se, também, no estudo da Biologia e Ciências Naturais. Produziu centenas de obras sobre todos os temas do saber humano. A soma de suas obras constituem a Enciclopédia da Grécia. Foi o criador da terminologia da ciência e da Filosofia usadas até os dias atuais. As obras: *Política, Metafísica* e *Ética,* estão entre os legados que ele deixou para a posteridade. (384 - 322 a.C.).

“

Devemos tratar os amigos como desejamos que eles nos tratem.

”

Como foram seus últimos 365 dias? Como serão os próximos 365 dias?

Dr. John A. Schindler

Para a maioria das pessoas, viver consiste em debater-se

Muitas e muitas pessoas têm vivido nesta terra desde que a raça humana começou — bilhões e bilhões delas. E sobre cada cabeça, tanto como sobre a sua e a minha, tem pairado a tentadora palavra e idéia chamada "Felicidade". A felicidade constitui um estado que muita gente apenas aflorou momentaneamente, se o aflorou, e que a maioria (tanto da classe alta como da baixa) jamais atinge de modo fundamental.

Um dos grandes fracassos da raça humana tem sido o fracasso de seus membros em alcançar algo parecido com uma felicidade duradoura na terra.

Como foram seus últimos 365 dias?

Para chegar ao que quero dizer, pergunte a si

mesmo: "Como foram meus últimos 365 dias?"

Teriam sido uma série empolgante de momentos maravilhosamente vividos? Atravessou você, exultante e entusiasticamente, uma dourada avenida de dias cantarolando uma canção feliz, sem uma única falhazinha de apreensão nos batimentos do coração? Durante quanto tempo, nos seus últimos 365 dias, esteve com preocupações (que é uma palavra branda), ou dificuldades (que é um pouco mais seria), ou desgostos (que é bem o que a palavra diz)?

Provavelmente, os seus 365 dias não foram muito diferentes do que são para os outros.

A triste realidade na vida da maioria das pessoas

Por trás da fachada que apresenta em público, a maioria das pessoas vive desajustada; muitas estão inquietas; outras estão preocupadas até o grau da confusão mental; algumas estão francamente arrasadas. A maioria delas não tem disposição para reagir; sentem-se cansadas, feridas, com uma sensação desagradável de grande infelicidade. Têm dúzias de coisas que as preocupam. Seu cálice transborda de apreensões, terrores, irritações. Quase nunca souberam o que é viver bem. Passaram a debater-se durante seus últimos 365 dias, tentando evitar, mas sempre tropeçando sobre desgostos novos e perturbadores, nunca conseguindo alcançar entusiasmos sadios, mas continuando pela vida a roer perenes aborrecimentos, mais irritadas do que satisfeitas, mais timoratas que corajosas, mais apreensivas que calmas.

Eis o triste fracasso de bilhões e bilhões de pessoas que têm passado pela terra.

O mais importante não foi aprendido: como conduzir-nos de modo a podermos viver.

A tensão emocional devida ao debater-se determina 50 por cento de nossas doenças

Os leigos têm a impressão mais vaga possível de que a tensão emocional determina distúrbios *físicos*. A maior parte das pessoas mal vislumbra quão freqüentemente, e quão profundamente, a tensão emocional repercute sobre o corpo.

De vez em quando, uma criatura é bastante objetiva para perceber que sua vida é um mar de aborrecimentos, mas geralmente continua sem perceber que está sofrendo os efeitos da chamada tensão emocional. A tensão emocional é do tipo do fenômeno bastante real e entretanto intangível para a maioria das pessoas e, quando começa a angústia física, não fazem a menor idéia de que seja proveniente da tensão emocional.

Os efeitos físicos das emoções estão fora da consciência ou da volição

A consciência controla as oscilações das emoções de uma única maneira: mudando o potencial de emoção do pensamento.

Todos, inclusive você, e eu, não damos o devido valor às proporções e aos efeitos de nossa tensão emocional. Quando se debate num mar de aborrecimento, não há quem não se orgulhe, meio conscientemente, por exercer algum controle sobre coisa tão supostamente efêmera como a tensão emocional.

Cada qual pensa: "Esta coisa que chamam de tensão emocional causa doenças nos outros, mas podem apostar quanto quiserem que *em mim* não pega!"

Entretanto, pode-se apostar o que se quiser, pois o diabo o pegará assim mesmo.

E também o pegará, "se você não estiver atento!"

Virtualmente, cada um de nós experimenta uma vez ou outra, uma doença causada pelas emoções. *Mais de 50 por cento de todas as doenças examinadas pelos médicos são induzidas pelas emoções!* Isto, meu amigo, não é uma situação efêmera. Expressa em termos monetários, tal situação custa aos Estados Unidos muitas vezes mais, por ano, que os danos sobrevindos, se todos os rios do país se mantivessem em constante regime de inundação.

Uma situação assim é uma catástrofe nacional!

E, quando uma doença induzida pela emoção o acomete, é uma catástrofe pessoal!

Este livro começa explorando o que é a doença induzida pelas emoções

A maioria das pessoas, tal e qual você, geralmente prefere ir vivendo sem pensar na tensão emocional até que aprende, ou duramente ou pungentemente, que a referida tensão pode produzir doença grave e enfraquecedora, e que a *tensão emo-*

cional é, hoje em dia, a causa número 1 da saúde precária!

É difícil omitir estes fatos.

Como Viver 365 Dias por Ano começa apropriadamente com uma explicação sobre a doença induzida pelas emoções, pois, desde que se compreendam os míseros resultados finais da tensão emocional, compreender-se-á a *necessidade* de aprender como *viver.*

(In: *Como Viver 365 Dias por Ano,* Dr. John A. Schindler, Editora Cultrix, São Paulo, 1975.)

Respirar sempre ar puro

Dizia Hipócrates: "O ar puro é o primeiro alimento e o primeiro medicamento."

Os preceitos que a Lei Natural impõe ao homem como condição para manter a normalidade orgânica, ou seja a Saúde, estão compreendidos nos 10 mandamentos seguintes:

1. Respirar sempre ar puro;
2. Comer exclusivamente produtos naturais;
3. Ser constantemente sóbrio;
4. Beber unicamente água natural;
5. Ter suma limpeza em tudo;
6. Dominar as paixões, procurando a maior castidade;
7. Não estar jamais ocioso;
8. Descansar e dormir só o necessário;
9. Vestir simplesmente fatos folgados;
10. Cultivar todas as virtudes, procurando sempre estar alegre.

No cumprimento integral destes preceitos está a Saúde. A transgressão de um só destes mandamentos já é causa de doença, porque altera a normalidade funcional do organismo que é a Saúde Integral, como veremos.

(Manuel Lezaeta Acharan, autor da *Medicina Natural ao Alcance de Todos.*)

O segredo da cura pela fé

Huberto Rohden

É fato histórico universalmente reconhecido que as forças espirituais do homem curam doenças corporais e mentais. Jesus recomenda a seus discípulos essa terapia como normal e única, e todos os grandes mestres espirituais da humanidade afinam pelo mesmo diapasão.

Em que consiste essa cura pela fé?

Consiste simplesmente na firme convicção e profunda experiência de que o homem — tanto o curador como o curado — é, no seu íntimo ser, perfeita saúde e sanidade; que o seu verdadeiro Eu é o "espírito de Deus que nele habita", no dizer de São Paulo; que a íntima essência humana é idêntica à essência do próprio Universo, que é o próprio Deus.

Ora, é evidente e lógico que a essência de Deus e a alma do Universo não possam estar doentes; Deus e o Cosmos são perfeita saúde e sanidade.

Quem é que está doente?

Doente está algo que *eu tenho*, e não aquilo que eu *sou;* algo nas minhas periferias, no meu ego ou na minha persona, é que está desarmonizado — mas eu sou perfeita saúde e sanidade, porque eu, na minha essência, sou a essência de Deus e do Universo, que não estão nem podem jamais estar doentes.

A cura consiste, pois, em re-harmonizar o meu ego externo com a harmonia do meu Eu interno; fazer o meu ego humano (persona) à imagem e semelhança do meu Eu divino (indivíduo).

Se eu conseguir essa re-harmonização, estarei curado.

Mas como realizar esse processo?

Aqui é que bate o ponto!

Antes de tudo, não basta *pensar,* nem simplesmente *querer* essa re-harmonização, porque tanto o pensar como o querer são do ego, que é fraco e está doente — doente não cura doente. É necessário que eu *viva* integralmente esse processo de re-harmonização — e essa profunda vivência é do meu verdadeiro e divino Eu, que não está doente, e pode, portanto, curar o ego doente.

Mas é precisamente aqui que terminam todas as teorias e técnicas. Aqui não há mestre nem discípulo — aqui deve atuar uma profunda e misteriosa vivência ou experiência da última realidade do próprio homem.

Por que é tão rara e tão difícil essa profunda vivência da verdade sobre o nosso verdadeiro Eu?

É porque o regime do nosso ego é multimilenar, da parte dos nossos antepassados, e conta com alguns decênios, da parte da nossa própria vida individual — e esse ego personal é visceralmente *separatista:* sente-se como algo separado do grande Todo divino-cósmico, e isto precisamente por ser "persona", palavra latina para "máscara". Assim como a máscara que o ator usa no palco para desempenhar o papel do rei, do ladrão, do assassino, etc., não é o seu verdadeiro indivíduo ou Eu , mas tão-somente o seu pseudo-Eu ou ego — da mesma forma o nosso ego representa um papel *separatista,* falso, quando a verdadeira natureza do homem é *in-separatista ou* indivídua, isto é, *indivisa,* não-dividida, não-separada do grande Todo.

O separatismo permite doença — o in-separatismo exclui doença.

A transição da ilusão do separatismo, criado pelo ego, para a verdade do in-separatismo, criada pelo Eu — é nisto que consiste o último segredo da cura pela fé.

A cura pela fé é, na realidade, uma cura pela Verdade — assim como a doença vem da in-verdade, ou do erro.

Enquanto o ego separatista se mantiver nessa ilusão e nessa prepotência e enquanto o Eu for vítima da sua impotência, nada vai acontecer; a doença continua, porque continua o erro. Só quando o Eu conquistar plena vitória sobre o ego, derrotando as trevas do erro com a luz da Verdade — então terminará a doença, porque a Verdade é essencialmente libertadora.

O exercício diário da meditação abismal, isto é, a intensa e diuturna focalização do verdadeiro EU SOU, ajudará grandemente a aplainar o caminho, enfraquecendo a ilusão do ego e fortalecendo a verdade do Eu.

Além disto, o que, não raro, é decisivo nesse processo é um grande *sofrimento,* porque o sofrimento, devidamente compreendido e espontaneamente aceito, possui uma extraordinária força purificadora e redentora; purifica-nos do erro e redime-nos para a verdade.

No dia e na hora em que eu aceitar plenamente a verdade sobre mim mesmo, serei curado de todas as minhas enfermidades, filhas da ignorância e do erro.

"Conhecereis a Verdade — e a Verdade vos libertará."

(In: *Ídolos ou Ideal?*, Huberto Rohden, Editora Martin Claret, São Paulo, 1983.)

BOSSUET (Jacques-Bénigne) - Bispo da Igreja Católica e escritor, nasceu em Dijon, França. Graças ao dom da oratória e à sólida formação teológica, foi uma das personalidades mais influentes em assuntos religiosos, políticos e culturais da França, na segunda metade do séc. XVII. Além de bispo de Condon, foi também tutor do príncipe herdeiro, em 1670, e membro da Academia Francesa. Suas obras mais importantes são: *Exposition de la doctrine de l'eglise catholique sur les matières de controverse* e *Politique tirée des propres paroles de l'Ecriture sainte*. (1627 - 1704).

"A saúde depende mais de precauções do que dos médicos."

Receita natural
O prozac que dá no mato

Daniel Nunes Gonçalves

O mundo das plantas que curam sempre teve vendas muito pulverizadas, mas começa a surgir um fenômeno de mercado. É a erva-de-são-joão, hipericão ou jasim que leva o nome científico de *Hypencum: perforatum* e já foi batizada de "o Prozac natural". Trata-se de um pequeno arbusto de flores amarelas, que possui várias substâncias de ação antidepressiva — a hipericina, a hipertrofina e um grupo de compostos chamados prociamidas. Tomado sob a forma de chá ou comprimidos, seu efeito é semelhante ao de antidepressivos como o Tofranil e vem sendo usado no tratamento de depressões leves e moderadas.

Só na Alemanha, a erva tem sido receitada 3 milhões de vezes por ano — 25 vezes mais do que o número de prescrições do Prozac, aquele encontrado na farmácia. Nos Estados Unidos, também virou moda. No Brasil, onde o remédio é explorado comercialmente desde o início do ano, é vendido com o nome de Hipérico ou Extrato de Jasim. "A vantagem do Hipérico em relação aos remédios químicos é o número reduzido de efeitos colaterais", diz Magrid Teske, diretora do laboratório fitoterápico Herbarium. Um estudo médico publicado nos EUA indicou que apena 2,4% dos pacientes depressivos tratados com a erva sofreram efeitos colaterais como sonolência ou irritação gastrointestinal. No caso do Prozac, um terço dos usuários se queixa de disfunções sexuais, insônia e emagrecimento.

(In: revista *Veja*, 11 de junho, 1997)

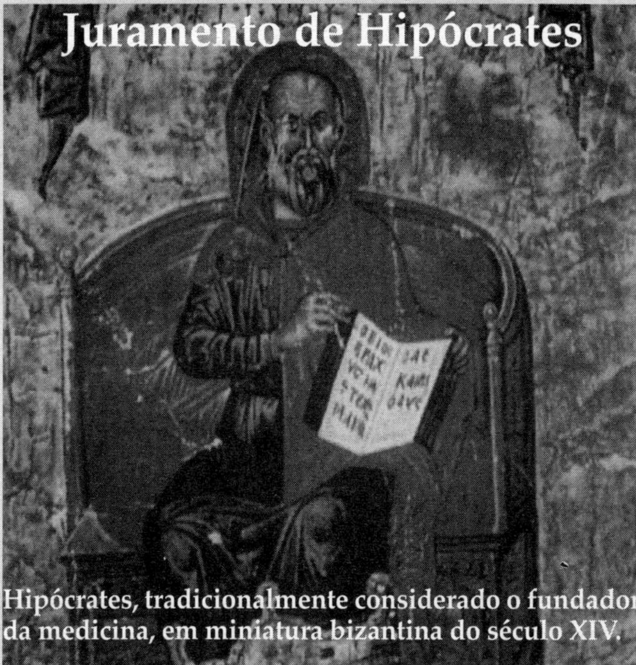

Hipócrates, tradicionalmente considerado o fundador da medicina, em miniatura bizantina do século XIV.

O juramento de Hipócrates, que resume sua ética, é ainda recitado nas colações de grau de estudantes de medicina. No Brasil, é feito em texto resumido que mantém a essência do original:

"Prometo que, ao exercer a arte de curar, me mostrarei sempre fiel aos preceitos da honestidade, da caridade e da ciência. Penetrando no interior dos lares, meus olhos serão cegos, minha língua calará os segredos que me forem revelados, o que terei como preceito de honra; nunca me servirei da minha profissão para corromper os costumes ou favorecer o crime. Se eu cumprir este juramento com fidelidade, goze eu a minha vida e minha arte boa reputação entre os homens e para sempre. Se dele me afastar ou infringi-lo, suceda-me o contrário."

(*Nova Enciclopédia Barsa*, Vol. 7 — São Paulo, 1997.)

Stress e o ser humano

Herbert Benson

O stress tem sido há muito tempo objeto de especulação psicológica e fisiológica. De fato, mais vezes sim do que não, a palavra em si mesma tem sido mal definida e gasta, significando coisas diferentes para pessoas diferentes. O stress emocional, por exemplo, pode surgir como conseqüência de uma discussão familiar ou da morte de uma pessoa querida. O stress ambiental, devido à exposição excessiva ao sol e ao calor, é um fenômeno completamente diferente. O stress fisiológico tem sido descrito como um derramamento dos hormônios esteróides das glândulas supra-renais, teoria elaborada pelo Dr. Hans Selve, de Montreal, que acredita que esses hormônios têm importância vital na sobrevivência de um organismo e são preciosos indícios de stress. Qualquer que seja o aspecto, a falta de uma definição segura tem sido obstáculo às pesquisas.

Os Drs. Thomas H. Holmes e Richard H. Rahe, psiquiatras da Universidade da Escola de Medicina de Washington, organizaram uma escala de acontecimentos estressantes. Centenas de pessoas de diferentes idades, formação e classes foram solicitadas a relacionar uma lista de fatos da vida. Holmes e Rahe deram a essa lista o nome de "escala de reajustamento social". A escala é baseada em entrevistas feitas com 394 pessoas. O real valor numérico é o número proporcional de pontos que esses indivíduos atribuíram aos vários fatos da vida depois de tomarem conhecimento de que o casamento equivalia a 50. Encabeçando a lista está: morte da esposa. Os médicos, subseqüentemente, descobriram que: viúvos e viúvas morrem dez vezes mais no ano seguinte à morte do respectivo cônjuge do que qualquer outra pessoa da sua faixa etária; que divorciados, no ano seguinte ao divórcio, apresentam uma taxa de doenças vinte vezes maior que as pessoas casadas. De acordo com os médicos, as mudanças, para melhor ou pior, provocam *stress* no ser humano, deixando-o mais susceptível a doenças.

Stress por ajustamento às mudanças

Fatos	Escala de impacto
Morte de esposa	100
Divórcio	73
Separação do casal	65
Término de cumprimento de pena	63
Morte de parente próximo	63
Acidente pessoal ou doença	53
Casamento	50
Perda de emprego	47
Reconcialiação conjugal	45
Aposentadoria	45
Problemas de saúde na família	44

Gravidez ... 40
Problemas sexuais ... 39
Nascimento na família ... 39
Readaptação no trabalho ... 39
Alteração na situação financeira ... 38
Morte de amigo íntimo ... 37
Mudança de área de trabalho ... 36
Mudança no número de discussões com a esposa ... 35
Hipoteca acima de 10.000 dólares ... 31
Interrupção de hipoteca ou aluguel ... 30
Mudanças de responsabilidades no trabalho ... 29
Saída de casa de filho ou filhas ... 29
Problemas legais ... 29
Sucesso, notável Realização Pessoal ... 28
Início ou parada no trabalho da mulher ... 26
Início ou término de escola ... 26
Mudança nas condições de vida ... 25
Revisão de hábitos pessoais ... 24
Problemas com patrão ... 23
Mudanças no horário ou nas condições do trabalho ... 20
Mudanças de residência ... 20
Mudanças de escolas ... 20
Mudanças nas diversões ... 19
Mudanças nas atividades religiosas ... 19
Mudanças nas atividades sociais ... 18
Hipoteca ou aluguel abaixo de 1000 dólares ... 17
Mudanças no hábito de dormir ... 16
Mudanças no número do grupo familiar ... 15
Mudanças nos hábitos alimentares ... 15
Férias ... 13
Natal ... 12
Pequenas infrações na lei ... 11

Nossa abordagem é similar quando define *stress* como condições circunstanciais que *exigem* reajuste do comportamento. Por exemplo: circuntâncias estressantes são aquelas ligadas à rápida mudança cultural, urbanização e migração, mobilidade socioeconômica, ou insegurança no meio ambiente. Elaborei esta definição funcional no decorrer dos primeiros estudos em colaboração com a Dra. Mary C. Gutmann na Harvard Medical School's Thomdike Memorial and Channing Laboratories, do Boston City Hospital. A pesquisa nos forneceu um ponto de partida para a avaliação de quanto o stress interfere na pressão sangüínea.

(In: *Aprendendo a Relaxar*, Dr. Herbert Benson, Editora Artenova, Rio de Janeiro, 1977.)

PITÁGORAS - Filósofo, astrônomo, matemático, nascido em Samos (ilha do mar Egeu). Foi o primeiro a afirmar que a Terra era esférica e o primeiro a descobrir a relação entre o cumprimento das cordas musicais e altura do som. Como matemático se especializou na ciência dos números. Existe um teorema que recebeu o seu nome. Fundou uma Escola iniciática que deu origem ao pitagorismo. (582 a.C., - 497 a.C.).

"Ajuda teus semelhantes a levantar sua carga, porém não a levá-la."

Uma vida feliz e um mundo melhor

Dr. Linus Pauling

A partir do entendimento desenvolvido durante os últimos vinte anos pela nova ciência da nutrição, este livro mostrou como se pode viver por mais tempo e sentir-se melhor. Para chegar a isso, você não precisa seguir um regime penoso e desagradável. Ao contrário, trata-se de um regime sensato e ameno, como especificado no segundo capítulo deste livro e sob o qual pessoas como você já estão vivendo mais e desfrutando de uma vida mais saudável. Você multiplicará os benefícios desse regime, tornando um hábito a recomendação mais importante da nova ciência da nutrição, que é

tomar todos os dias a quantidade complementar adequada de cada uma das vitaminas essenciais.

Não importa qual seja sua idade, você pode conseguir um benefício significativo iniciando o regime agora. Pessoas mais idosas podem beneficiar-se de modo especial, pois apresentam uma necessidade adicional de nutrição adequada. A persistência é essencial. Felizmente, o regime impõe poucas restrições à dieta, de forma que em geral você pode aumentar a qualidade de sua vida comendo alimentos de que você gosta. E mais, você pode desfrutar de ingestão moderada de aperitivos alcoólicos, e é até recomendado que o faça.

Na verdade, quanto a comer e beber, existe neste livro apenas uma restrição real: é o açúcar. Como o cigarro, a sacarose é uma novidade da civilização industrial. Juntos, eles trouxeram pandemias de câncer e doença cardiovascular para as populações dos países desenvolvidos que, de outra forma, seriam felizes. O açúcar em alimentos ingeridos no café da manhã (como o contido, algumas vezes, no cereal) é especialmente prejudicial para bebês e crianças, e a questão de um bom petisco, livre de açúcar ou dos adoçantes químicos que o substituem, ainda tem que ser solucionada. O perigo do cigarro pode ser eliminado, acabando-se com o hábito de fumar. Não se pode evitar por completo a sacarose, mas é essencial que se diminua bastante a ingestão desse açúcar.

Este livro explicou a necessidade de vitaminas complementares na nutrição humana. Na evolução dos vertebrados primitivos, foi uma grande vantagem o fato de poderem deixar para os vegetais que comiam a tarefa de sintetizar vitaminas e até uma parte dos aminoácidos. Como mostrou o novo entendimento da vida molecular, a anulação genética mais recente desse tipo privou os primatas da capacidade de fabricar a própria vitamina C. Graças, em parte, à adaptação conferida por aquela anulação, a linhagem dos primatas deu origem aos humanos. A nova ciência da nutrição agora nos instrui para tirarmos proveito da faculdade racional, que é a suprema vantagem de ajustamento da espécie humana, ou seja, a superação de qualquer desvantagem que sofremos a partir daquelas anulações genéticas. Podemos e devemos superar a desvantagem por meio de ingestões complementares de vitaminas, especialmente a vitamina C.

Neste livro, além disso, vimos que, mantendo-nos com uma ótima saúde, em particular mantendo a ingestão adequada das vitaminas, podemos resistir ao sem-número de enfermidades que atormentam os homens. A lista começa com os tormentos causados por deficiências das vitaminas, deficiências muito facilmente curadas pela recuperação das funções na bioquímica do organismo; as vitaminas nos ajudam a evitar as infecções e a fortificar nossos tecidos contra o auto-ataque de câncer e as doenças auto-imunológicas. Com a vitamina mais bem compreendida , a vitamina C, como nosso exemplo, pudemos prever um novo tipo de medicina, a medicina ortomolecular, que utiliza substâncias naturais ao corpo tanto para protegê-lo de doenças, quanto para curá-lo. A medicina ortomolecular já mostrou como a vitamina C pode evitar e curar e mesmo erradicar, da experiência humana, a enfermidade mais familiar e mais desnorteante para a velha medicina: o resfriado.

No final, dei espaço neste livro para os argumentos contra sua tese que vêm de muitos médicos e de nutricionistas ultrapassados. Tive que ceder esse espaço porque nem sempre me é dada a oportunidade de responder a eles nas publicações e em outros debates, onde fazem suas críticas. É mais provável que você tenha se inteirado apenas de seus argumentos. Nestas páginas, contudo, você ouviu ambos os lados.

Assim, você vê que terei um segundo motivo para me alegrar, em saber que você está vivendo mais e sentindo-se melhor.

Nos últimos vinte anos, passamos por um revolução em nossas vidas, uma revolução que nos permite ter uma maior liberdade para produzir, de exercitarmos nossa criatividade e de desfrutarmos da vida.

(In: *Como Viver Mais e Melhor*, Linus Pauling, Editora Best Seller, São Paulo, 1988.)

MARTIN CLARET - Empresário, editor e jornalista. Nasceu na cidade de Ijuí, RS. Presta consultoria a entidades culturais e ecológicas. Na indústria do livro inovou, criando o conceito do livro-clipping. É herdeiro universal da obra literária do filósofo e educador Huberto Rohden. Está escrevendo o livro *O Infinito Jogo da Vida — Novas Tecnologias para Atualização do Potencial Humano.* (1928 -).

“O universo é um sistema de dar e receber. Ajudar os outros é o melhor modo de ajudar a si mesmo”

Claude Monet
(1840-1926)

Claude Monet foi o pintor que realizou com maior perfeição o ideal impressionista. O próprio nome "Impresssionismo" deriva de um título de um quadro seu: "Impressão, Sol levante".

No início de sua carreira foi ridicularizado e incompreendido. Por não fazer concessões, suportou graves dificuldades financeiras e só por volta dos 40 anos é que começou a vender seus trabalhos. No final de sua vida, Monet era um homem rico e um artista consagrado, mas o sucesso jamais lhe corrompeu o caráter. Mesmo aos 80 anos, trabalhava incansavelmente.

Nasceu em Paris, em 14 de novembro de 1840, sendo o primogênito de um próspero comerciante. Não gostava da escola e vivia com o caderno cheio de caricaturas. Aos 15 anos, esses desenhos lhe valeram certa notoriedade local. Aos 17, começou a pintar paisagens ao ar livre, incentivado pelo pintor Eugène Boudin.

Em seu último ano de vida, definiu seu maior objetivo como o de "reproduzir minhas impressões diante dos efeitos mais fugazes", palavras que, na verdade, caberiam em qualquer momento dos ininterruptos anos de criatividade.

Principais datas

1840 - nasce em Paris, em 14 de novembro.
1845 - a família muda-se para o Havre.
1858 - conhece Eugène Boudin, que o encoraja a pintar ao ar livre. Primeira exposição no Havre.
1859 - em Paris, freqüenta a Academia Suíça.
1860 - serviço militar na Argélia.
1862 - de volta a Paris, trabalha no estúdio de Gleyre.
1863 - Conhece Renoir, Sisley e Bazille.
1867 - nasce seu primeiro filho: Jean.
1868 - tentativa de suicídio devido à miséria.
1870 - casa-se com Camille, mãe de Jean; com a guerra, muda-se para Londres.
1874 - primeira exposição, em Paris, dos impressionistas, onde expõe "Impressão — Sol Levante".
1878 - nasce o segundo filho: Michel.
1879 - falecimento de Camille.
1883 - muda-se para Giverny.
1892 - inicia a série das catedrais; casa-se com Alice Hoschedé.
1900 - constrói o lago das ninféias.
1911 - morte de Alice.
1926 - morre em Giverny, em 5 de dezembro.

Última Mensagem

Martin Claret

Este livro-clipping é uma experiência
educacional. Ele vai além da
mensagem explícita no texto.
É um livro "vivo" e transformador.
Foi construído para, poderosamente,
reprogramar seu cérebro com informações
corretas, positivas e geradoras de ação.
O grande segredo para usá-lo com eficácia é a
aplicação da mais antiga pedagogia ensinada
pelos mestres de sabedoria de todos os tempos:
A REPETIÇÃO.
Por isto ele foi feito em formato de bolso,
superportátil, para você poder carregá-lo
por toda parte, e lê-lo com freqüência.
Leia-o, releia-o e torne a relê-lo, sempre.
Invista mais em você mesmo.
Esta é uma responsabilidade e
um dever somente seus.
Genialize-se!